Liebe Leserinnen, liebe Leser,

die Erkenntnis, dass eine Gemeinschaft Regeln benötigt, hat jeder Erwachsene lebenslang erfahren. Regeln bilden den Rahmen des Zusammenseins. Sie sind vergleichbar mit dem Sicherungsseil eines Bergsteigers, geben die Richtung an, bieten Halt und mindern die sonst katastrophalen Ergebnisse eines Absturzes bei fehlerhaftem Verhalten.

Durch Regeln können sich Kinder an ihren Grenzen und Verhaltensnormativen entlangtasten. Kinder benötigen Grenzen als Orientierung im Leben und ihre eigenen Erfahrungen. Eine Erfahrung ist laut Entwicklungspsychologie das im Gehirn gespeicherte Ereignis, durch das Lernprozesse und die menschliche Gesamtentwicklung erst möglich werden. Insofern ist die Erfahrung die Grundvoraussetzung für den entwicklungspsychologischen Fortschritt.

Diese Lern- und Lebenskompetenzen sind weder durch ein tägliches Bild noch in einem Scherenschnitt erkennbar, sie werden erst sichtbar, wenn wir uns dem Kind durch gezielte Beobachtung und mit Aufmerksamkeit zuwenden, ihm vertrauen und zutrauen, durch eigene Entscheidungen, dem Scheitern und den daraus folgenden Erkenntnisprozessen zu lernen, sich an ihre eigenen Erfahrungen heran zu tasten.

Die Ausführungen und Beispiele in diesem Buch sollen den Leser anregen, über das Thema Regeln nachzudenken, und ihn ermutigen, sich selbst darin auszuprobieren, Kindern beim Umgang mit Regeln Verantwortung zu übertragen – sowohl in Kindertagesstätte und Schule als auch in der Familie.

Hinter den zahlreichen Beispielen und Berichten aus verschiedenen Einrichtungen und Familien stehen vor allem mutige und innovative pädagogische Fachkräfte und Eltern, die den Kindern die Welt der Regeln und Normen auf nachvollziehbare und somit verständliche Weise nahebringen. Sie ermöglichen den Kindern wichtige Selbsterfahrungsprozesse, helfen ihnen, sich in der Welt der Regeln und Konflikte sicher zu bewegen. Sie stehen ihren Kindern zur Seite nach dem Motto: loslassen und trotzdem immer da sein.

Während der Recherchen zu diesem Buch begegneten uns noch unendlich viele Beispiele, Ideen und Methoden. Sie alle hier aufzuführen, würde den Rahmen dieser kleinen Broschüre sprengen. Wir sind davon überzeugt, dass unsere hier aufgeführten Anregungen noch viele schöne und erfolgreiche Ergänzungen finden werden, und danken allen, die sich für unsere Kinder offen diesem Thema stellen.

Viel Freude und Erfolg wünschen Ihnen die Autorin und das Team der edition claus!

Die Autorin

Ulrike Leubner kann auf eine langjährige Tätigkeit als Fachberaterin für Kindertageseinrichtungen bei einem Wohlfahrtsverband in Sachsen, auf dreißig Jahre Erfahrung als Erzieherin und neunzehn Jahre Leitungstätigkeit in Kindertagesstätten zurückgreifen. Als ausgebildete Multiplikatorin leitet sie Weiterbildungsseminare für Erzieherinnen und Erzieher, in denen es unter anderem um das Thema „Mit Kindern Regeln regeln" geht. Weiterhin veröffentlichte sie bereits mehrere Kinderbücher und in der edition claus die Fachbücher „Planen mit Kindern" sowie „Vorsicht Spielzeuglawine! – Wie Kuscheltiere, Puppen und Plastikautos die Kindheit begraben".

Inhaltsübersicht

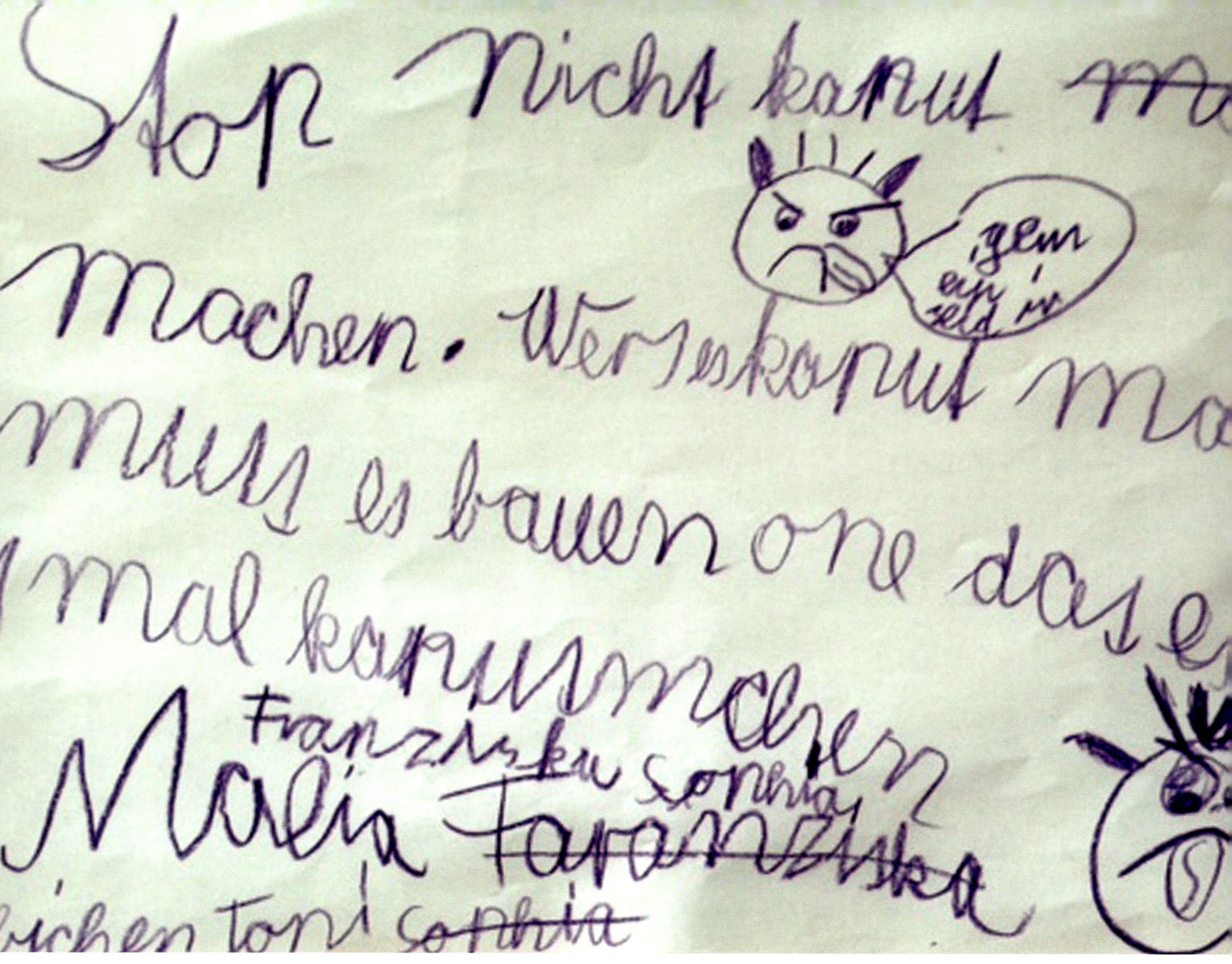
Stop Nicht kanut
machen. Wereskanut ma
muss es bauen one das e
mal kanumachen
Franziska sonhia
Malia

Was ist eine Regel?

Das Wort „Regel" wurde, wie Kluges Etymologisches Wörterbuch ausweist, im neunten Jahrhundert dem lateinischen „regula" (Maßstab, Richtschnur, Regel) entlehnt und zeigt eine enge Verbindung zum lateinischen „regere" (lenken, leiten).

Dass wir uns in der Mathematik an Regeln halten, ist jedem bewusst, und keinem würde einfallen, eine mathematische Regel einfach zu ändern. Sie stehen so fest wie die Regeln der Natur. Im gesetzlichen Bereich beugen wir uns ebenfalls Regeln. Hier gibt es sogar Festlegungen in Form eines Strafgesetzes für den Fall, dass gegen Gesetze verstoßen wird.

Kinder wachsen aus einer unbekümmerten Kindheit, die von Erwachsenen geregelt wird, über ihre Geschäftsfähigkeit und Strafmündigkeit in eine Volljährigkeit hinein und müssen mit diesen Gegebenheiten klarkommen, ohne sie auch wirklich **verstehen** zu können.

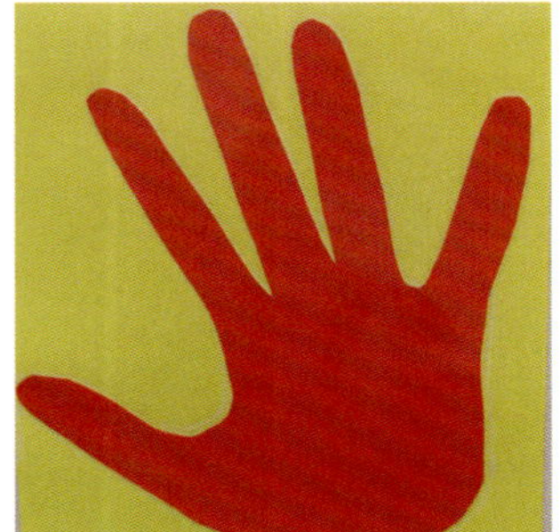

Bekannt aus der Reggio-Pädagogik: die „Stopp-Hände".

Haben Sie mit Ihrem Kind schon einmal über dieses Thema gesprochen?
Ach – es ist noch zu früh?
Wann ist der Zeitpunkt der richtige?
Und wie sagen Sie es Ihrem Kind?

Wenn Kinder bereits seit der frühen Kindheit den Umgang mit Regeln kennen, werden sie in die Regel- und Normenwelt der Erwachsenen hineinwachsen und sie verstehen lernen.

Verstehen können Kinder ausschließlich Dinge, die sie aus ihrer eigenen Perspektive betrachtet auch nachvollziehen können. Der Schweizer Entwicklungspsychologe Jean Piaget befasste sich mit Fragen zur Entwicklung von Intelligenz. Er leistete mit seiner Forschung zur Logik des Kindes eine bahnbrechende Arbeit. Seine These, dass Kinder sich ihre Welt selbst konstruieren, ist durch die Arbeit der Hirnforscher aktueller denn je. Aus seiner wissenschaftlichen Arbeit entstand ein pädagogischer Ansatz: der Konstruktivismus, der sich heute als Leitfaden durch die Bildungspläne der Bundesrepublik Deutschland zieht.

Eine bedeutende pädagogische Bewegung löste 1920 der Französische Pädagoge Celestin Freinet aus. Er reformierte das Schulwesen gemeinsam mit seiner Ehefrau Elise von innen heraus, indem er die Schule in einen Erfahrungsort verwandelte. Er erteilte den Kindern das Wort, und seine Klassenzimmer funktionierte er zum „Laboratorium der Sozialerziehung" um. Eine seiner Thesen lautete, dass sich als Regel alle Regeln eignen, die Schüler selbst aufstellen, sofern sie nicht gegen das Recht verstoßen. Kinder müssen demokratisches Verhalten erst erlernen. Sie benötigen dafür Zeit und auch die Freiheit, eigene Erfahrungen mit selbst erstellten Regeln und deren Veränderungen zu machen. Seine vier Grundsätze lauteten:

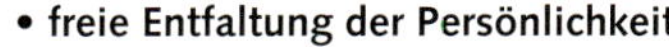

- **freie Entfaltung der Persönlichkeit**
- **kritische Auseinandersetzung mit der Umwelt**
- **Selbstverantwortlichkeit des Kindes**
- **Zusammenarbeit und gegenseitige Verantwortlichkeit**

Ein gut geregeltes Zusammenleben finden wir auch in der Reggio-Pädagogik. Die große Freiheit der Kinder, dort sein zu dürfen, wo sie möchten, sich an dem beteiligen zu können, was sie wünschen, und trotzdem zu wissen, wo sie hingehören, benötigt viele gut durchdachte Regelungen, um kein unkontrolliertes Durcheinander entstehen zu lassen. Auch hier sind es die Kinder selbst, die sich Gedanken zu einem geregelten Ablauf machen, sie notieren, stimmen ab, probieren, verwerfen gegebenenfalls und letztlich pflegen sie selbstständig sicheren Umgang damit. So werden Planideen festgehalten und in die Reihenfolge des Geschehens gebracht. Dabei werden in allen Konzepten und Formen moralische und konventionelle Regeln deutlich unterschieden.

Der Psychologe Lawrence Kohlberg erarbeitete in den späten 1950-er Jahren die bis heute einflussreichste und differenzierteste Theorie der Entwicklung des moralischen Urteils. Er entwickelte sogenannte „moralische Dilemmas", in denen eine Konfliktsituation geschildert wird und eine Entscheidung zwischen zwei Alternativen getroffen werden muss, und fügte seine Ergebnisse anschließend in die „sechs Stufen des moralischen Urteilens". Seine Einordnungen auf Niveaustufe 1 (präkonventionelle Moral) und Niveaustufe 2 (konventionelle Moral) ermöglichen uns, Regeln in zwei Gruppen einzuteilen:

Moralische Regeln gelten für alle, weil sie das Wohlergehen des Einzelnen in einer Gemeinschaft betreffen (zum Beispiel: „Man darf andere nicht verletzen."; „Man darf anderen nichts kaputt machen."; „Man darf anderen nichts stehlen."). Es handelt sich um Grundprinzipien des Zusammenlebens, die im Allgemeinen nicht verhandelbar, also nicht veränderbar sind. Sie bilden die Normativen der Gesellschaft.

Konventionelle Regeln können dagegen jederzeit verhandelt werden. So kann sich zum Beispiel geeinigt werden, ob Bauwerke der Kinder stehen bleiben dürfen, ob vor dem Spiel im Garten im Zimmer aufgeräumt wird, ob der Schlafplatz selbst ausgewählt werden darf und vieles mehr. Konventionelle Regeln haben selbstverständlich immer die moralischen Regeln zur Grundlage. Beide Formen müssen unbedingt für Kinder nachvollziehbar sein.

Haben sich Kinder im Regelerstellen und -begreifen schon frühzeitig geübt, werden sie sich in das Regelwerk der Erwachsenenwelt besser einfügen können. Wer diesem Thema Interesse, Zeit und Geduld widmet, wird garantiert mit Erfolg beschenkt. Das bedeutet auch, dass Pädagogen außerordentlich flexibel ihre Arbeit stets neu überdenken müssen.

Zweiflern sei gesagt, dass sich auch Erwachsene bis ins hohe Alter im „Konstruktionsprozess" befinden. Oder lassen Sie sich an jeder beliebigen Hausecke von irgendjemandem mit irgendetwas bekehren?

Eine Gruppe Erzieherinnen sieht sich in Bezug auf ihre pädagogische Tätigkeit so agieren.

Fazit

Kinder, die mit dem Wissen Erwachsener „berieselt" werden, können lediglich diesen Lernstoff im Gehirn abspeichern, ihn jedoch nicht logisch einordnen. Ihnen fehlt zu diesem Schritt die Erfahrung und somit die Perspektive der Erwachsenen. Erfahrungen sind nicht übertragbar, jeder muss für sich selbst erleben und daraus seine Schlüsse ziehen. Das kann nur, wem die Möglichkeit dazu eingeräumt wird. Aufgabe der Erwachsenen ist es demzufolge, Kindern Rahmenbedingungen zu schaffen, in denen sie Erfahrungen sammeln und sich ihre Welt konstruieren können. So entsteht ihr eigenes Regelwerk eingepasst in die Regelwelt der Erwachsenen.

Wie jüngeren Kindern eine **Regel erklären?**

Eine gute und vor allem kindgerechte Möglichkeit, den Sinn von Regeln nachvollziehbar zu erlernen, bietet ein Regelspiel. Beginnen wir als Beispiel mit dem guten alten Brettspiel „Mensch ärgere dich nicht". Daran lernten bereits unsere Großeltern den Umgang mit Regeln kennen, und auch unsere Generation kann noch gut auf diese Erfahrungen zurückgreifen. Sich an eine Spielregel zu halten, bedeutet, das Spiel überhaupt erst einmal zu ermöglichen!

Nachdem die Kinder die echten Regeln des Spieles kennen und beherrschen, können Sie durch einen inszenierten Störversuch (oder mehrere) aktiv erfahren, welche Bedeutung Regeln haben. Probieren Sie einmal aus, Ihre Spielsteine spontan in verschiedene Richtungen zu setzen oder zu Beginn anstelle mit einer Sechs Ihren Spieler bei einer Drei ins Rennen zu schicken. Sie können hier bei Bedarf noch Steigerungen einbauen (zum Beispiel „unartig" ohne Würfeln und ohne an der Reihe zu sein, den Spieleinsatz beginnen …). Mit Sicherheit ernten Sie lauten Protest der Mitspieler, weil Ihr Verhalten ungerecht den anderen Mitspielern gegenüber ist.

Gleiche Regeln für alle bedeuten gleiche Voraussetzungen für alle. Nur so kommt es am Ende zu einem ehrlichen Sieg. Schnell werden die Kinder feststellen, dass ohne Regeln das Spiel nicht einmal durchführbar ist. Wenn mehrere Personen gemeinsam spielen wollen, müssen sie sich auf bestimmte Regeln einigen und sie dann auch gemeinschaftlich befolgen. Ist das nicht der Fall, müssen neue Regeln geschaffen werden: die Regeln für den Verstoß gegen die bestehende Regel.

Kinder lernen schneller, als wir oftmals vermuten. Sie begreifen an solchen simplen Beispielen, wie unser Zusammenleben funktioniert, was Einordnen, Siegen und Verlieren bedeuten. Sie lernen, mit ihren Emotionen umzugehen und üben sich im Einsehen, Verstehen und Verzeihen. Sie erfahren, dass – wer sich an die Regeln hält – sprichwörtlich im Spiel bleibt. Zudem genießen die Kinder dabei die Zuwendung der Erwachsenen, testen ihre Grenzen aus und erhalten die Möglichkeit, sie zu finden.

Eltern und pädagogische Fachkräfte, die sich Zeit für Regelspiele nehmen, schaffen sich zudem eine Chance, ihre Kinder tiefgründiger kennenzulernen. Nähe und Zuwendung sind wohltuend und für Menschen jeder Altersklasse (über)lebenswichtig. Ein Regelspiel im Familienkreis oder in der Kindergruppe beschert allen Teilnehmern automatisch ein gleichberechtigtes Regelwerk, ungeachtet von sonstigen Problemen und Hürden des Lebens außerhalb des betreffenden Spieles – es schafft Einigkeit auf Zeit.

Zudem birgt ein Regelspiel zahlreiche Lernpotentiale. Schaffen Sie sich also mit gutem Gewissen Zeit zum gemeinsamen Spielen, und Ihre Kinder lernen das Wort Regel und seine Bedeutung ohne große Anstrengung spielend kennen.

Praxistipp

Am besten können die Kinder die Notwendigkeit von Regeln an eigenen Beispielen nachvollziehen:
Drittklässler eines Hortes wollten eine Dominoschlange aufbauen. Teils durch Unachtsamkeit, aber auch durch Übermut brachten andere Kinder die „Schlange" immer wieder vorzeitig zu Fall. Die Kinder wurden angeregt, den unwissenden „Störern" ihre Regeln sichtbar werden zu lassen, um das Ziel des Baus verstehen zu können.

Das Ergebnis:
Die Kinder stellten um die Baustelle herum einen Stuhlwall und legten ein entsprechendes Schild sichtbar für alle Kinder darauf.

So lassen sich Regeln bei **den Älteren vertiefen**

Mit älteren Kindern bieten sich Bewegungs- und Wortspiele zum besseren Verständnis an. So wird etwa über das Suchen der passenden Begriffe zum jeweiligen Anfangsbuchstaben aus dem Wort REGELN ein Prozess des Nachdenkens und Verstehens ausgelöst.

Wort- und Bewegungsspiele

R eden oder: **r**ichtig machen, **r**uhig bleiben

E inigen oder: **e**ngagieren, **e**rzählen, **e**ntdecken

G renzen oder: **g**rundsätzlich, **g**roßzügig, **g**emeinsam

E rfahrung oder: **e**inhalten, **E**hrlichkeit

L ernen oder: **l**angzeitwirksam, **L**ichtblick, **L**ösung

N utzen oder: **n**achhaltig, **n**otwendig

Pantomime

Alle stehen im Kreis und je ein Kind geht in die Mitte und stellt pantomimisch dar, für welche Situationen es sich Regeln wünscht (zum Beispiel Schutz vor Lärm beim Erledigen von Hausaufgaben, ungestörtes Bauen; Stille im Ruheraum). Das Kind kann zur Darstellung der Situation auch andere Kinder engagieren (evtl. vorher vor die Tür gehen und beraten). Die Gruppe macht Vorschläge, welche Regeln dem Bedürfnis des Kindes gerecht werden können. Regeln, die in solchen Situationen schriftlich festgehalten und von allen Teilnehmern unterzeichnet werden, sind am nachhaltigsten. In Konferenzen können die Ergebnisse ausgewertet und die Regeln bei Bedarf nachgebessert werden.

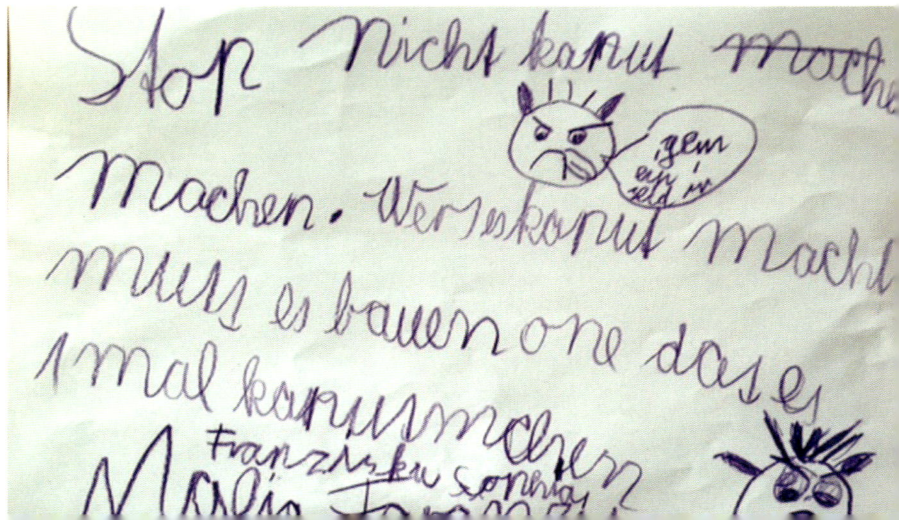

Regeln selbst aufstellen: **Geht das nicht zu weit?**

Wenn Kinder anhand unseres Brettspieles den Begriff Regel kennen- und verstehen lernen, bedeutet das nicht automatisch, dass sie auch die Regeln des Lebens verstehen. Dazu müssten die Erwachsenen die Kinder stets ebenso intensiv in ihre Entscheidungen einbeziehen wie in unserem Brettspiel-Beispiel, um den Sinn der jeweiligen Regel verstehen zu können. Ist das möglich?

Erwachsene – ob Eltern oder Pädagogen – sind selbst als Kind unter ganz verschiedenen Bedingungen aufgewachsen. Ihre Erwachsenen trugen mit erzieherischen Maßnahmen zur ganz individuellen Wesensbildung bei. Sie schufen Grundlagen, die später identisch weitergegeben oder gegebenenfalls dem Umfeld, den eigenen Erfahrungen und neueren Erkenntnissen angepasst werden konnten.

Nach Ansicht Erik Eriksons, eines Psychoanalytikers, der ab dem Jahr 1961 an der Harvard University als Professor an der Weiterentwicklung des Freudschen Modells psychosexueller Entwicklung arbeitete, ist die Persönlichkeitsentwicklung eines Menschen entscheidend von der seelischen Entwicklung in der Kindheit abhängig. Seiner Meinung nach hat das Kind die besten Voraussetzungen, wenn es:

- **im ersten Lebensjahr** Urvertrauen aufbauen kann;
- **im zweiten bis vierten Lebensjahr** erste Schritte zur Autonomie-Entwicklung (Selbstentscheidung) verwirklichen darf;
- **im fünften Lebensjahr** ein (nicht zu sensibles) Gewissen entwickelt;
- **vom sechsten bis zum zwölften Lebensjahr** mit eigenständigen Aufgaben betraut und für seine Leistungen von seinen Mitmenschen akzeptiert wird.

Welcher Erziehungsstil **ist der richtige?**

Der Erziehungsstil der Erwachsenen ist entscheidend für die Persönlichkeitsentwicklung des Kindes.

Autoritärer Erziehungsstil

Inhalt: Erwachsene, die einen autoritären Erziehungsstil pflegen, orientieren sich an ihren eigenen Bedürfnissen und stellen hohe Ansprüche an das Kind. Sie legen großen Wert auf Anpassung und Gehorsam, akzeptieren keine Diskussionen und schrecken nicht vor strengen Maßregelungen zurück.

Folge: Kinder werden passiv, unterwürfig, wenig selbstsicher, wenig neugierig, kontaktarm – in ihnen staut sich Aggressionspotential, da sie sich ungefragt, unterdrückt, ungerecht behandelt fühlen.

Antiautoritärer Erziehungsstil

Inhalt: Erwachsene, die einen antiautoritären Erziehungsstil pflegen, sind tolerant, akzeptieren uneingeschränkt den kindlichen Willen, unterstützen ihr Kind mit grenzenloser Hingabe, stellen keine hohen Anforderungen, setzen keine Grenzen, bestrafen nicht.

Folge: Kinder neigen zu Passivität (nach dem Vorbild der Eltern), haben wenig Selbstwertgefühl, können sich schlecht durchsetzen, bleiben unselbstständig und kindlich.

Autoritativer Erziehungsstil

Inhalt: Erwachsene, die den autoritativen Erziehungsstil pflegen, sind den Bedürfnissen der Kinder gegenüber aufgeschlossen und kommen ihnen entgegen. Sie fördern ein verantwortungsvolles Verhalten und zeigen sich in ihren Anforderungen ans Kind konsequent. Sie erwarten Verhaltensweisen, die dem Entwicklungsstand des Kindes angemessen sind. Dabei kommt das emotionale Bedürfnis des Kindes/der Familie/Gruppe zum Tragen.

Folge: Kinder, die auf diese Weise in einem emotional warmen, offenen, aber auch (nicht stur!) strukturierenden Erziehungsverhalten der Erwachsenen aufwachsen, entwickeln Selbstsicherheit und Unabhängigkeit, werden in ihren Handlungen verantwortungsbewusst, zeigen sich anpassungsfähig, kreativ, neugierig und sozial integriert.

Bemühen sich Erwachsene um den autoritativen Erziehungsstil, werden sie starke und psychisch widerstandsfähige (resiliente) Kinder beim Heranwachsen begleiten können. **Resilienz** (psychische Widerstandsfähigkeit) entsteht durch die Entwicklung eigener Kompetenzen, zum Beispiel:

- Neugier und Interesse an der Umgebung und Erkundungsverhalten
- große Flexibilität und Spontanität
- aktiver Umgang mit Belastungen (coping)
- aktive Bemühungen um Problembewältigung
- kompetente Konfliktlösungsmuster
- wenig Furcht vor Fremden und Fremdem
- Einfühlungsvermögen und Empathie (sich in andere hineinversetzen können)

Yes, I can.

In ihrem Aufsatz „Was Kinder stärkt" beschreibt Prof. Dr. Corina Wustmann Resilienz aus Sicht des Kindes:

Ein resilientes Kind sagt:

Ich habe (I have), Menschen um mich,

- die mir vertrauen;
- die mich bedingungslos lieben;
- die mir Grenzen setzen, an denen ich mich orientieren kann;
- die mich vor Gefahren schützen;
- die mir als Vorbilder dienen;
- von denen ich lernen kann;
- die mich dabei unterstützen und bestärken, selbstbestimmt zu handeln;
- die mir helfen, wenn ich krank oder in Gefahr bin;
- die mich darin unterstützen, Neues zu lernen.

Ich bin (I am) eine Person, die

- von anderen wertgeschätzt und geliebt wird;
- froh ist, anderen helfen zu können und ihnen meine Anteilnahme zu signalisieren;
- respektvoll gegenüber mir selbst und anderen ist;
- verantwortungsbewusst ist für das, was ich tue;
- zuversichtlich ist, dass alles gut wird.

Ich kann (I can)

- mit anderen sprechen, wenn mich etwas ängstigt oder mir Sorgen bereitet;
- Lösungen für Probleme finden, mit denen ich konfrontiert werde;
- mein Verhalten in schwierigen Situationen kontrollieren;
- spüren, wann es richtig ist, eigenständig zu handeln oder ein Gespräch mit jemandem zu suchen;
- jemanden finden, der mir hilft, wenn ich Unterstützung brauche.

Resiliente Kinder verfügen in der Regel über höhere kognitive Kompetenzen und erfahren den Sinn, die Struktur und Bedeutung in der eigenen Entwicklung („Ich weiß, wozu ich lebe. Ich werde gebraucht und bin den anderen nicht gleichgültig").

Fazit

Kinder, die durch den Einfluss des autoritativen Erziehungsstiles ihrer Erwachsenen zu starken, selbstbewussten, neugierigen Menschen heranwachsen, haben die besten Voraussetzungen, die Regeln des Lebens zu verstehen. Sie werden gefragt, angehört, ihre Ideen und Gedanken ernst genommen. Das bedeutet jedoch nicht, dass ihre Ideen und Vorschläge zwangsläufig auch umgesetzt werden (können).

Was sollen Kinder selbst **entscheiden dürfen?**

In einer Gemeinschaft gibt es keine Einzelentscheidungen, was den Bereich des Gemeinwohles betrifft. Ich kann nur über ausschließlich mich selbst Betreffendes allein bestimmen. Sobald in den Handlungsbereich mehrere Personen einbezogen sind, müssen alle gemeinsam entscheiden – denn es betrifft auch alle. Weder Erwachsene dürfen demzufolge ihre Regeln für die Gemeinschaft erstellen, noch die Kinder. Existiert diese Grundlage des Zusammenlebens, wird sich ganz selbstverständlich ein Regelwerk bilden. Das wird alsbald allen Beteiligten zum Bedürfnis werden, denn – erinnern wir uns an das Spiel „Mensch ärgere dich nicht" – erst Regeln ermöglichen ein Zusammenleben, in dem alle im Spiel bleiben.

Auf diese Weise können die Kinder im gesellschaftlichen Umfeld ihre Ich-Identität entwickeln. Sie stellt den Kern der Persönlichkeit dar und beinhaltet das Empfinden, auch in verschiedenen Situationen immer derselbe zu sein und zu bleiben. Sie vermittelt das Gefühl, frei zu sein, sich in seinem Körper wohlzufühlen und Bedeutung zu haben: Ich werde von anderen Personen geachtet und anerkannt.

Die Ich-Identität bildet sich in der Auseinandersetzung mit Normen und Werten in der nahen Lebensumgebung des Kindes. Wird das Kind bei seinen Auffassungen und Einstellungen unterstützt, kommt es zu einer stabilen Identität. Dabei ist es wichtig, das Kind in erster Linie anzuhören, seiner Meinung Bedeutung einzuräumen, denn jedem steht seine ganz eigene Meinung zu. Im gemeinschaftlichen Konsens wird dann aus vielen Meinungen eine gemeinschaftliche Entscheidung getroffen. Das hört sich schwierig an, ist aber oft unkomplizierter, als wir zunächst befürchten.

Beispiel: Hausaufgabenraum

In einem Hort legten die Kinder im Hausaufgabenraum (also vor Ort) ihre Regeln für ihre dortige Arbeit konkret fest und befestigten sie für alle gut sicht- und nachvollziehbar an der Wand.

Die Abbildungen (links) zeigen Auszüge aus diesem „Regeln-Plakat", das die Mädchen und Jungen mit Bildern und Schrift selbst gestaltet haben.

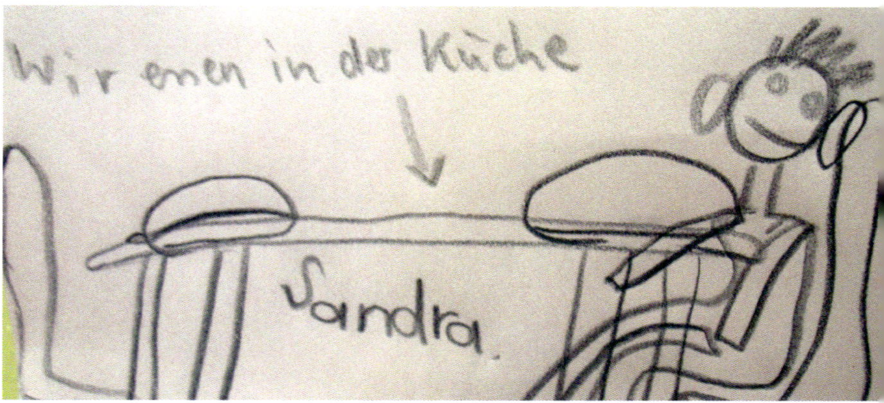

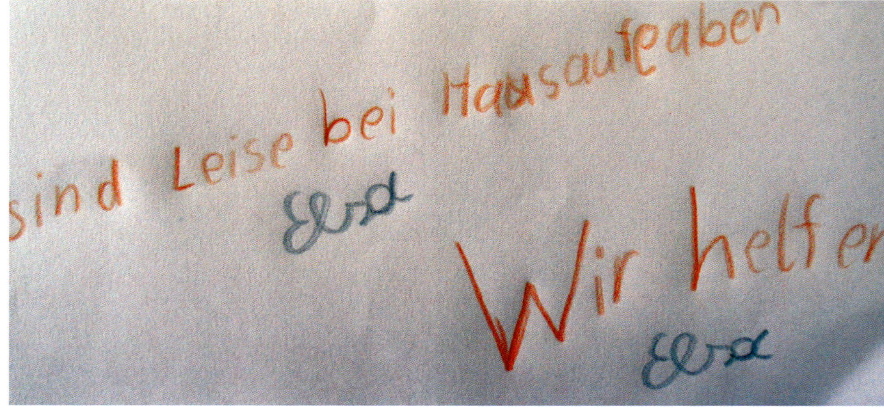

Und bei den Allerkleinsten?

Im Krippenbereich formuliert vor allem bei den Jüngsten aufgrund des niedrigen Entwicklungsstandes noch das pädagogische Fachpersonal die Regeln für die Gruppe. Ausschlaggebend für den erwünschten Erfolg sind hier die Beständigkeit und konsequente Einhaltung der aufgestellten Strukturen und Regelungen. Wie das folgende Beispiel zeigt, können Erwachsene Kinder beim Prozess der Nachvollziehbarkeit durch visuelle Anreize unterstützen.

Beispiel: Streit ums Haus

Folgende Situation zeigt, wie einfach die vermeintlich schwierigen Dinge von Kindern gelöst werden:

Toni stand tränenüberströmt vor mir und rief: „Der Conrad ist gemein! Der soll nicht in mein Haus und jetzt ist er einfach wieder reingekrochen!"

Conrad verteidigte sich: „Der hat mich gebeißt – hier!" Er reckte mir seinen linken Arm entgegen.

Darauf erwiderte Toni: „Der schwindelt! Der war in mein Haus und hat das Dach runtergerissen!"

Conrad hielt den Arm wie ein Schwerverletzter in die Höhe und zog laut heulend durch die Kindereinrichtung. Er beschwerte sich über den bösen beißenden Toni und erntete bei seinem Streifzug reichlich Trostworte (von Kindern wie auch von Erwachsenen!).

Toni sah verunsichert umher, dann zog er sich in sein „Haus" zurück und reparierte das Dach.

Janina fragte mich: „Darf der in das Haus von Toni, wenn er das gar nicht soll? Der macht immer alles kaputt." Ich überlegte kurz und antwortete: „Ich weiß es nicht, und ich kann das nicht entscheiden. Wollen wir morgen im Morgenkreis beraten, wie es richtig ist?" Janina nickte. Sie zog von dannen und schien eher hingehalten als zufriedengestellt.

Mein Bauchgefühl sagte mir, ich sollte mich unbedingt mit meinen Kolleginnen beraten. In der Mittagsrunde packte ich im Team meine Frage auf den Tisch: „Dürfen Kinder nur in das Spielhaus anderer, wenn sie vom Hausherrn die Genehmigung haben?" Nun entbrannte eine rege Diskussion. Argumente wie „Die Kinder müssen das gemeinsame Spiel lernen – dazu sind sie schließlich in der Kita." oder „Das Spielzeug ist doch unser aller Eigentum! Zu Hause mag das was anderes sein." brachten die Luft zum Brennen, und sie wurde durch Kommentare wie „Beißen ist ja wohl die Höhe!" weiter angeheizt. Ich versuchte es erneut mit einer Frage: „Wenn ihr ein neues Haus gebaut und euch mit einem Kredit belastet habt, in Monaten und Jahren mühevoll selbst Hand angelegt habt – lasst ihr dann wirklich jeden in eurer neues Haus? Auch wenn der ungebetene Gast darin raucht, betrunken vor der Tür steht und Schaden anrichtet – oder er euch gar bestiehlt?" Nun klangen die Antworten in anderen Tönen. „Na, das wäre ja wohl noch schöner – ich lasse in mein Haus, wen ich will! Wenn er trotzdem eindringt, rufe ich die Polizei und er kriegt eine Klage wegen Hausfriedensbruchs an den Hals ... ist doch wohl klar!" Die Meinung der Frauen kippte. Sie fassten den Beschluss, dass jeder Besitzer eines Hauses auch sein Grundrecht durchsetzen darf. Wer Gast sein möchte, muss sich wie ein Gast verhalten: Er meldet sich an (klingelt an der Tür oder telefoniert/schreibt vorher) und wartet auf die Entscheidung des Gastgebers. Setzt er ein Willkommenszeichen, muss sich der Gast den Bedingungen des Gastgebers fügen oder wieder gehen. Die Entscheidung schien gefallen. Oder doch nicht? Was sagen eigentlich die Kinder dazu?

Die Kinderkonferenz im Morgenkreis des folgenden Tages bescherte uns die Antwort: Zunächst wurde das Problem (nicht die Personen!) angesprochen. Janina sorgte für eine Kindebene in Sachen Verständnis (während wir Erwachsenen um Worte rangen).

Meinungen der Kinder:

- „Der darf nur in das Haus, wenn er es nicht kaputt macht."
- „Der will doch aber auch mal rein!"
- „Aber nur, wenn er es nicht kaputt macht, weil – der hat das nicht gebaut."
- „Der hat aber unsere Decken genommen, da konnte ich mir kein Haus bauen. Da muss er mich mitspielen lassen."
- „Da musst du ihn fragen und dann nicht kaputt machen."
- „Und wenn er nein sagt?
- „Da nimmst du die Decken am anderen Tag – da muss er dich dann fragen!"

Staunend verfolgten wir die Meinungen der Kinder. Sie gingen viel abgeklärter heran als wir. Sie brachten die Sache auf den Punkt! Wir Erwachsenen interpretierten Vermutungen hinein, verkomplizierten es zu einem „schwierigem Fall". Für uns stand der soziale Aspekt im Mittelpunkt. Unsere Erfahrungen schufen einen Brennpunkt, der für die Kinder keiner war. Nun stellen Sie sich vor, das Pädagogenteam hätte „klärend" in das Kindergespräch eingegriffen!

Fazit

Regeln, die für eine Gemeinschaft aufgestellt werden, müssen für alle nachvollziehbar und akzeptabel sein. Wenn es sich um Regeln in einer Gemeinschaft von Erwachsenen und Kindern handelt, muss die Ebene beider eingenommen und in Betracht gezogen werden. So entstehen gemeinsame Entscheidungen, mit denen alle Beteiligten gut leben können.

Wie umgehen mit den internen Gruppenregeln?

Ältere Kinder regeln zunehmend gewisse Angelegenheiten unter sich. Sie treffen (manchmal geheime) Absprachen und finden Wege des Umganges mit ihren individuellen Regeln. Es handelt sich hierbei um Kinder, deren Entwicklungsstand den Umgang mit eigenen Regelwerken zulässt. Sie haben, wenn sie sich dazu entscheiden, sicherlich schon viele Erfahrungen in der großen Gemeinschaft (dank ihrer starken Erwachsenen!) gesammelt. Übung macht eben wahrhaft den Meister – auch beim Regeln erstellen.

Solange die Absprachen nur ihren Kreis betreffen, solange sie sich im Rahmen der moralischen Normen befinden (wenn keiner dem anderen wehtut oder auf andere Weise schadet), sollten Erwachsene die Größe besitzen, sich herauszuhalten. Wenn sie unbemerkt „ein Auge darauf werfen", geht das in Ordnung – aber eben tatsächlich unbemerkt! Sobald sich die Kinder beobachtet fühlen, kann es passieren, dass sie der Mut zum Ausprobieren verlässt und sie ihren Umgangstest unter Gleichaltrigen abbrechen. Ihr Handeln verändert sich in solchen Situationen meistens in das von den Erwachsenen geprägte Verhaltensmuster, gegebenenfalls verlassen sie sich die Kinder auf eine Lösung von ihren Erwachsenen, statt sie selbst zu suchen – das ist eine verlorene Chance für alle Beteiligten.

Wenn die Gruppe jedoch versucht, ihre Regeln der großen Gemeinschaft überzustülpen, sollten – so es nicht die Kinder selbst tun – Erwachsene eingreifen und dafür sorgen, dass die Aktivitäten der Kleingruppe an dieser Stelle zum Schutz des Gemeinwohles als Gemeinschaftsthema aufgeworfen werden.

Fazit

Die moralische Entwicklung eines Kindes basiert auf dem Verstehen der Normen und Regeln der Gesellschaft. Jedes Kind lernt diese Werte in seiner Familie, dem Umfeld oder seiner Kindergruppe kennen – es wird dabei frühzeitig auf Widersprüche stoßen, denn in den verschiedenen es umgebenden Menschengruppen haben sich oft unterschiedliche Normen und Regeln ausgebildet. Das Kind muss lernen, damit umzugehen. Feste Regelwerke in Kindergemeinschaften helfen ihm dabei, jedoch auch die Möglichkeit, sich im individuellen Kreis auszuprobieren.

Regeln brauchen Räume, Rituale, Regelmäßigkeit

Regeln, die unsere Gemeinschaft in Familie oder Kindereinrichtung betreffen, müssen auch in dieser Gemeinschaft gefunden und festgelegt werden. Am besten eignen sich dazu Konferenzen.

Räume

Räume, in denen sich zu Absprachen und Konferenzen getroffen wird, sollten auch Konferenzatmosphäre bieten. Wer kreativ denken, geduldig zuhören, seine Meinung äußern und mit entscheiden soll, benötigt dafür ein ruhiges, möglichst störungsfreies Umfeld. Die Sitzordnung soll gesprächsfördernd – also ohne störende Tische oder Ähnliches zwischen den Beratenden – gestaltet sein (Ausnahme: häuslicher Bereich). Während sich im Familienkreis in vielen Fällen der Sitzplatz am Esstisch eignet, hat sich in der Kindereinrichtung ein Sitzkreis auf dem Fußboden am besten bewährt. Kinder lernen bis zum zehnten Lebensjahr laut Hirnforschung ohnehin am besten auf dem Fußboden. Kleine „Teppiche“ (Tipp: Teppichmärkte stellen mitunter ausgelaufene Musterstücke zur Verfügung) oder Sitzkissen legen den Sitzplatz fest und helfen dem Kind, an dieser Stelle zu verbleiben.

Wenn für neu errichtete Plätze (zum Beispiel ein Bauzimmer, Biotop, Kräutergarten) Regelungen erstellt werden sollen, bietet sich dazu als besondere Situation der betreffende Ort selbst an (so er genug Raum bietet). Später wird dieses Thema auch in die Beratungsrunde im traditionellen Beratungsraum mit einbezogen. Bekanntlich bestätigen Ausnahmen die Regel.

Rituale

Rituale sind feierlich-festliche Handlungen mit hohem Symbolgehalt, die nach vorgegebenen Regeln im individuellen oder gemeinschaftlichen Rahmen ablaufen. Oft werden sie von festgelegten Wortformeln und Gesten begleitet. Ein Ritual vermittelt Halt, Orientierung und erleichtert in der Interaktion mit anderen das Treffen von Entscheidungen und das Streben nach Sicherheit und Ordnung.

Rituale sollten an einem festen, immer wiederkehrenden Ort stattfinden. Ein stetig wechselndes Umfeld ruft eher das Interesse an dem umgebenden Neuen als am inhaltlichen Anliegen des Treffens hervor. Ein ritueller Beginn mit einem Begrüßungslied oder einem Singspiel öffnet nicht nur die Herzen aller, sondern überwindet so manche Hemmschwelle (zum Beispiel vor einer Gemeinschaft zu sprechen). Eine Symbolfigur in der Mitte des Beratungsplatzes gibt dem Auge und auch der Seele einen Halt. In einigen Gruppen stehen Körbe mit „Sprechsteinen“, Wundermuscheln, klitzekleinen Kuschel- oder Wutkissen, die sich die Kinder zu Beginn holen können (wenn sie etwas sagen möchten oder generell als Ritual zum Festhalten).

Ein kurzes Händereichen oder Handflächenzueinanderhalten (besonders in Erkältungszeiten), ein Winken oder Anlächeln des Nachbarn rechts und links sowie andere Gesten können beispielsweise den Beginn und die Beendigung der Runde einläuten.

Regelmäßigkeit

Regelmäßigkeit ist der Garant für gutes Gelingen. Egal ob sich die Gemeinschaft einmal wöchentlich oder einmal täglich trifft – es muss zur Orientierung eine Festlegung getroffen werden. Zum einen gilt es, gemeinsam den Tag zu planen und aufgelaufene Probleme in der Gemeinschaft zu klären, zum anderen, positive Verläufe wertschätzend zu betrachten und sich einfach über das Beisammensein zu freuen!
Zusätzlich zu den regelmäßigen Treffen können akute und aktuelle Geschehnisse auch sofort besprochen werden. Manche Dinge dulden nun einmal keinen Aufschub!

Auch Gespräche benötigen Regeln

Wenn sich eine Gruppe regelmäßig zum Austausch trifft, sind Regeln für den Umgang im Gespräch unumgänglich. Oft klagen Erwachsene:

- Die Kinder hören nicht zu!
- Es wird ständig dazwischen gesprochen.
- Viele sprechen durcheinander, keiner wird wirklich verstanden.
- Manche reden immer – manche kommen nie zu Wort.
- Für das wirklich Wichtige reichte die Zeit wieder nicht.
- Die einen finden kein Ende, andere sind schon nach zwei Minuten des Zuhörens müde.
- Mir ist es lieber, ich sage schnell, was anliegt, sonst schaffen wir unser Pensum nicht.

Woran liegt dieses scheinbar nicht zu ordnende Durcheinander? Es fehlen Regeln!

Regeln planen mit **Mind Maps**

In Familien und Kindereinrichtungen werden Kinderideen erfolgreich in Form eines Mind Maps erfasst. Ein Mind Map ist ein Verfahren, das Planungsideen dokumentiert und strukturiert. Seinen Namen erhielt das Verfahren vom Engländer Tony Buzan. Ins Deutsche übersetzt könnte es Gedankensammlung, Gedächtniskarte oder Gedankenführer heißen. Dieses Planverfahren wird seit Jahrzehnten erfolgreich in der Forschung, in betrieblichen Abläufen und in Schulen eingesetzt. Seit kurzer Zeit findet es auch seinen Einsatz im Vorschulbereich.

In der Mitte steht das „Problem" oder der „Sachverhalt", um den es Regeln zu erstellen gilt. Die Ideen der Kinder werden in Seitensträngen gesammelt und somit erst einmal erfasst. Zur besseren Übersicht erhalten die Seitenstränge „Schlüsselworte". Das Problem und die Schlüsselworte besitzen ein Symbol. Durch die Bildhaftigkeit wird alles für jede Altersgruppe gut übersichtlich und verständlich. Sollte es mehrere Gedanken zur Regelung eines Sachverhaltes geben, die ein Auswahlverfahren benötigen, stimmen alle Beteiligte über diese Ideen oder Vorschläge ab. Dazu darf jeder einen Punkt auf seine Wunschlösung malen oder kleben. Dann werden die Punkte ausgezählt, um die Mehrheitsmeinung zu ermitteln. Durch einen dicken farbigen Rand um den Mehrheitsgedanken wird für alle die Entscheidung sichtbar. Die anderen Ideen bleiben zur Information stehen und werden nicht durchgestrichen. Jede Idee ist wertvoll und verdient die Achtung aller – vielleicht benötigen wir sie ja auch später noch einmal. Ideen, die nicht umsetzbar sind, sollten genauer angesehen, besprochen oder gegebenenfalls sogar ausprobiert werden. Kinder müssen verstehen, warum ihr Vorschlag nicht angenommen werden kann. Erst dann werden sie die Meinung des Gemeinwesens wirklich akzeptieren und annehmen können.

Den besten Platz findet das Mind Map an dem Ort, für den die Regelungen getroffen werden. Ein Mind Map kann jedoch auch beachtliche Größe annehmen, und bei einer Vielzahl von Regelungen kommt es schnell zu Platzmangel. Für diesen Fall haben sich Regelbücher gut bewährt. Sie sollten nicht zu klein sein (mindestens A4-, besser A3-Format), um allen Ideen Platz zu geben und dabei die Übersicht zu wahren. Es können bei Platzmangel auch Stränge auf weitere Blätter wachsen. Zur optischen Unterscheidung helfen Wiedererkennungssymbole und farbige Blätter (je Thema eine Farbe und ein Symbol).

Wichtig sind auch hier klare Umgangsregeln für das Planverfahren. Nicht jeder kann einfach in diese schriftliche Gedankensammlung hineinschreiben oder „-kritzeln", was er gerade gern möchte. Geplant wird gemeinsam in der Kinderkonferenz. Sollten Kinder gute Ideen finden, müssen sie lernen, diese festzuhalten. Entweder sie verankern sie im Kopf oder sie fertigen sich Notizen an. Kleine Pinnwände im Kinderbereich helfen, diese Gedankenstützen gut bis zu ihrer Anwendung aufzubewahren. Wichtigster Aspekt: Übersicht wahren!

Erwachsene können sich hinsichtlich der festgelegten Themen nun weitgehend „zurücklehnen" und auf den Regelplan verweisen. Schnell zugegriffen und nachgesehen, erledigen sich bei unseren Jüngsten nachhaltig viele Probleme wie von selbst. Die Erwachsenen ersparen sich unnötigen Stress und stehen weder als „Richter" noch „Bestrafende" im Kreuzfeuer, denn die Kinder setzen in diesem Fall ihre eigenen Regeln durch und stehen dazu (übrigens auch zu eventuellen Konsequenzen bei Verstößen).

Sollte das Entscheidungsverfahren zu viel Platz, Zeit und Raum benötigen, kann es auch auf ein separates Blatt übertragen werden. Eine tiefgründige Beschäftigung mit wichtigen Fragen und Vorschlägen wird dauerhafte Lösungen nach sich ziehen, die akzeptiert und eingehalten werden.

Abbildungen auf der folgenden Doppelseite: links Schritt 1: Ideensammlung rechts Schritt 2: Regelplan

Lesetipp

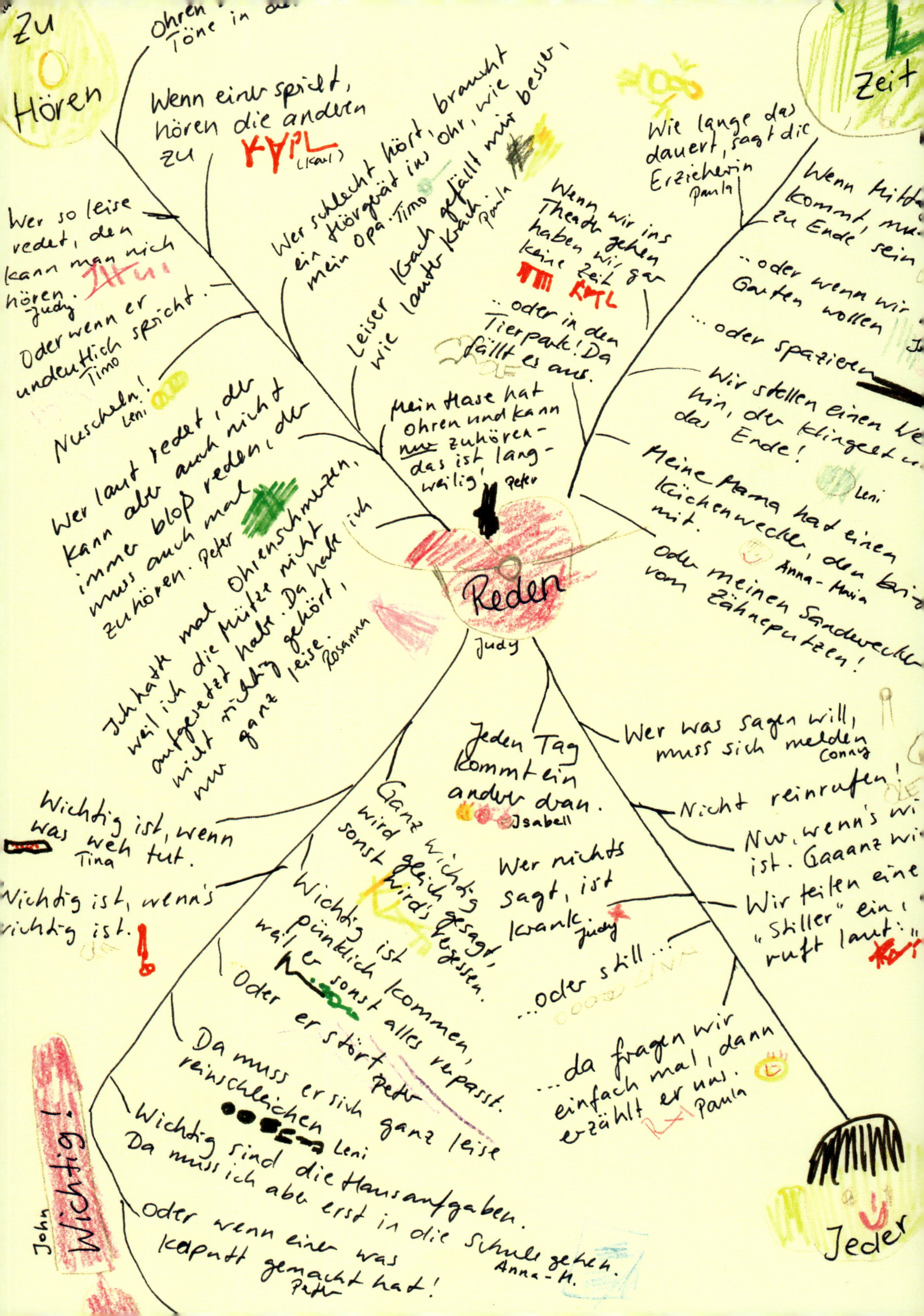

Zu Hören

Ohren Töne in ...

Wenn einer spricht, hören die anderen zu
KARL (Karl)

Wer schlecht hört, braucht ein Hörgerät ins Ohr, wie mein Opa. Timo

Leiser Krach gefällt mir besser wie lauter Krach. Paula

Wer so leise redet, den kann man nich hören. Judy

Oder wenn er undeutlich spricht. Timo

Nuscheln! Leni

Wer laut redet, der kann aber auch nicht immer bloß reden, der muss auch mal zuhören. Peter

Ich hatte mal Ohrenschmerzen, weil ich die Mütze nicht aufgesetzt habe. Da habe ich nicht richtig gehört, nur ganz leise. Rosanna

Mein Hase hat Ohren und kann nur zuhören – das ist langweilig! Peter

Reden
Judy

Zeit

Wie lange das dauert, sagt die Erzieherin. Paula

Wenn wir ins Theater gehen haben wir gar keine Zeit KARL

... oder in den Tierpark! Da fällt es aus.

Wenn Mittag kommt, mu... zu Ende sein

... oder wenn wir Garten wollen

... oder spazieren

Wir stellen einen We... hin, der klingelt ... das Ende! Leni

Meine Mama hat einen Küchenwecker, den bringt mit. Anna-Maria

Oder meinen Sandwecker vom Zähneputzen!

Jeder

Wer was sagen will, muss sich melden Conny

Nicht reinrufen!

Nur, wenn's wi... ist. Gaaanz wi...

Wir teilen einen „Stiller" ein, „Stiller" ruft laut: „..." KARL

Jeden Tag kommt ein ander dran. Isabell

Wer nichts sagt, ist krank. Judy

... oder still ...

... da fragen wir einfach mal, dann erzählt er uns. Paula

Wichtig!
John

Wichtig ist, wenn was weh tut. Tina

Wichtig ist, wenn's wichtig ist.

Ganz wichtig wird gleich gesagt, sonst wird's vergessen.

Wichtig ist pünktlich kommen, weil er sonst alles verpasst.

Oder er stört Peter

Da muss er sich ganz leise reinschleichen Leni

Wichtig sind die Hausaufgaben. Da muss ich aber erst in die Schule gehen. Anna-M.

Oder wenn einer was kaputt gemacht hat! Peter

→ Unsere Regeln

- Wir drehen die große Sanduhr um
  → wenn sie abgelaufen ist und wir müssen noch reden, drehen wir sie nochmal um
- Die Zeit hängt von der Lust ab – und den wichtigen Sachen!
- Anfang: 9°° Uhr

- Wer was sagen will, muss die Hand hoch halten
  → Nicht reinrufen!
- Jeden Tag teilen wir einen Stiller ein, der Halt! ruft, wenn durcheinander geredet wird
- Jeder soll mal dran kommen

- Wenn einer spricht, hören die anderen zu
- Der Reder muss laut sprechen und nicht nuscheln
  → aber nicht brüllen!

Wichtig

- Am Anfang sagen wir das Wichtige, dann können wir erzählen
- Pünktlich kommen ist wichtig
- Wer nicht pünktlich kommt, muss sich reinschleichen und nicht stören
- Wichtig sind gute und schlechte Sachen
- Bei einer schlechten Sache sagen wir sie, weil sie wichtig ist. Wenn wir über die Sache sprechen, sagen wir keine Namen. Jeder weiß selber, was er angestellt hat.

KUNO PAUL

Konferenzen: Mitreden, Mitentscheiden

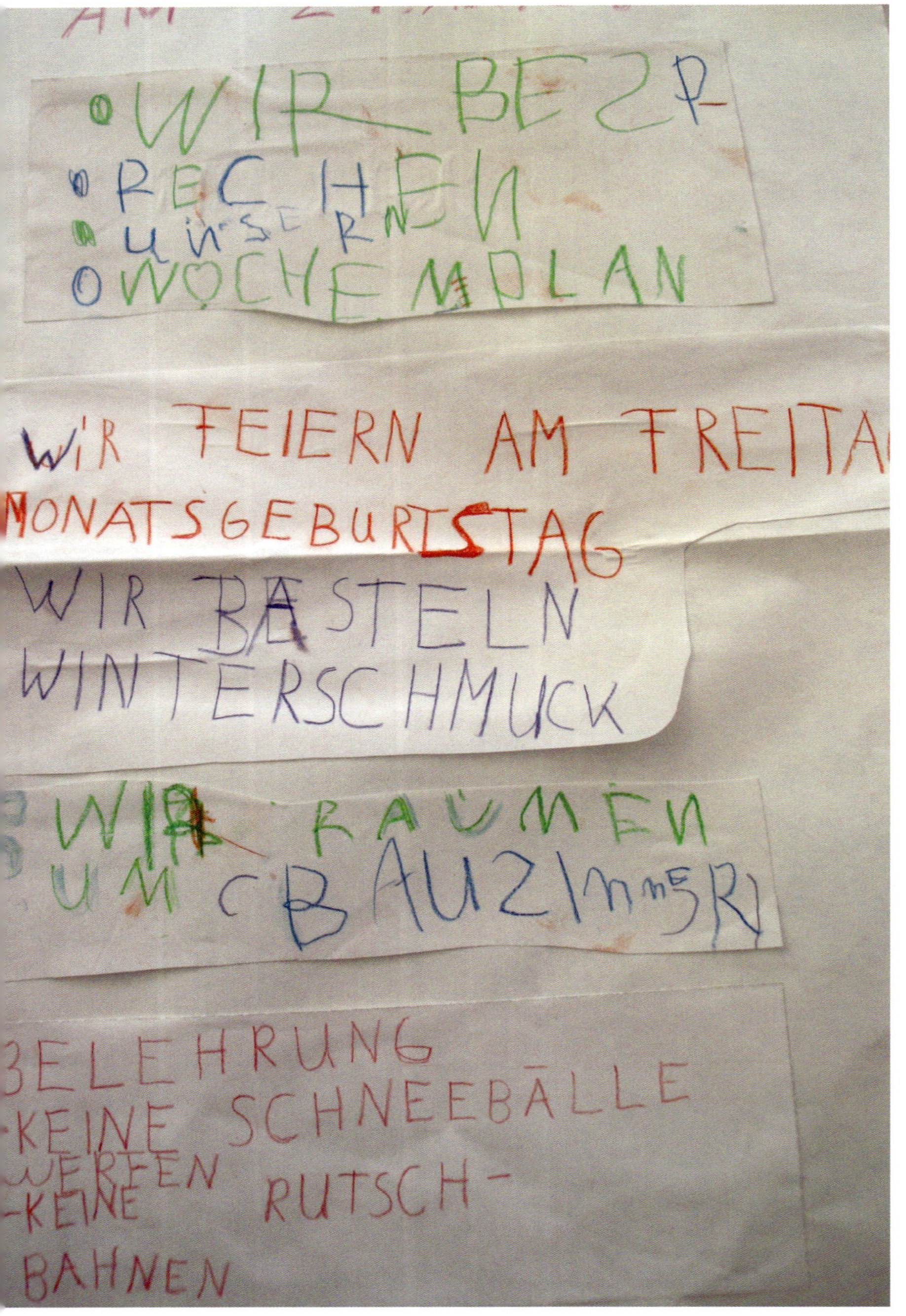

Konferenzen räumen allen Beteiligten Mitspracherecht ein. Durch Partizipation (Einbeziehung) entstehen Regeln und Maßnahmen, die für alle nachvollziehbar angenommen werden. Darüber hinaus bilden sich durch solche Gesprächsrunden Empathie (sich in den anderen hineinfühlen können) und Verständnis.

Beispiel: Kinderkonferenz

Im Hortbereichen fand ich eine praktikable Lösung: Das Ausrufen, Durchführen, Protokollieren und Beenden der täglichen Konferenz übernehmen die Kinder selbst. Sie gaben diesen wichtigen Funktionen Namen: Ausrufer, Eröffner, Abhorcher oder Aufpasser.

Die zwei Ausrufer gehen mit einer Glocke durch die Einrichtung und rufen zur Kinderkonferenz (liebevoll „Konfi" genannt). Der Eröffner ist zugleich Konferenzleiter. An ihn kann sich vorher gewandt werden, wenn jemand ein Problem oder eine gute Nachricht, ein Dankeschön, eine Einladung, einen Vorschlag oder anderes einbringen möchte, damit alles in seine Planung und Vorbereitung passt. Das geht auf mündlichem Weg, jedoch auch schriftlich an der Sammelpinnwand oder im „Wunschkasten".

Während der Konferenz sorgen zwei Abhorcher oder Aufpasser für Ruhe und Ordnung. Sie sind als Beobachter tätig. Bei Ordnungswidrigkeiten mahnen sie die betreffenden Übeltäter drei Mal – dann folgen „Maßnahmen", die an Ort und Stelle ausgehandelt werden. Beendet wird die Konferenz wieder vom Konferenzleiter. Der „Schrifti" (Schriftführer) wird vom Konferenzleiter bestimmt. Als „Auserwählter" stellt er sich mit Stolz dieser wertschätzenden Herausforderung. Die Kinder legen ein sogenanntes Konferenzbuch an, in dem sich die Protokolle befinden, die von jeder Konferenz erstellt werden. Am Ende der Konferenz unterschreiben alle Anwesenden. Durch diese Unterschrift wird besiegelt, dass sie dabei waren, alles vernommen haben und sich mit allen Beschlüssen einverstanden erklären. Nichtanwesende Kinder können sich im Konferenzbuch über die Geschehnisse der vergangenen Tage informieren oder nachfragen. Sie sind verpflichtet, sich selbst zu informieren, und laut Regelwerk ist jedes Kind der Einrichtung auch bereit, Auskunft zu geben oder Hilfe zu leisten, damit andere an die entsprechenden Informationen gelangen. Die Erwachsenen übernehmen lediglich das Schreiben des Protokolls während der Konferenz, um den Kindern für die Diskussion den Kopf freizuhalten. Natürlich dürfen auch sie sich als Glied dieser Gruppe mit ihren Gedanken und Vorschlägen einbringen, jedoch ohne vordergründig in Erscheinung zu treten. Beschlüsse, die an die Infotafel gehören, verschriftlichen die Kinder selbst. Die nächsten „Ausrufer", „Eröffner" und „Abhorcher" werden für die kommende Konferenz eingetragen. Auf diese Weise erübrigen sich Probleme wie nicht zuhören, stören oder nicht dabei sein wollen. Die Kinder erleben in Eigenverantwortung, wie schwer es ist, so viele Individuen und deren Meinungen unter einen Hut zu bringen und merken schnell: Das funktioniert nur mit festen Regeln!

Auch in einer Kita kann das Ausrufen der Kinderkonferenz Sache der Kinder sein. Mit einem akustischen Zeichen, etwa einem „Gong", werden alle im Haus auf rituelle Weise und ohne stimmliche Strapazen erreicht. Mehrere „Signale" in Reihenfolge erlauben es den Kindern, sich aus jeder Situation pünktlich in die Runde zu begeben (aus dem Spiel, Waschraum). Bald wird der Zeitpunkt erreicht sein, an dem jedes Kind einmal der Ausrufer war und jeder um diese schwierige Aufgabe weiß. Sicherlich wird das auch ein Anlass werden, das eigene Verhalten zu überprüfen. Wenn nur Erwachsene die Macher sind, nehmen sie den Kindern die Chance, durch eigene Erfahrungen Erkenntnisse zu gewinnen und zu verstehen.

Nichtanwesende Kinder und Pädagogen sollten immer einen Paten oder „Mitteiler" erhalten, der sie über die Geschehnisse in der Konferenz informiert. Mit fortschreitendem Entwicklungsstand werden betreffende Kinder motiviert, sich selbst zu informieren. Probleme können auch von Kindern und Erwachsenen im Vorfeld an einer Pinnwand gesammelt werden, damit sie nicht in Vergessenheit geraten. Jeder Erwachsene wird staunen, wie korrekt die Kinder ihre Notizen (für uns meistens „nur" Krakel) entziffern.

In sehr großen Einrichtungen hat sich die Abgesandten-Methode bewährt. Kinderkonferenzen finden dort in mehreren Kreisen statt, da ein Gesamtkreis zu groß wäre. Dazu werden Vertreter aus dem eigenen Bereich in den Nachbarbereich geschickt. Sie hören dort Themen, Probleme, Beschlüsse und nehmen sie als Boten mit in den eigenen Bereich. Ebenso sind sie verpflichtet, die Botschaften aus dem eigenen Bereich zu übertragen und Einwände und Vorschläge wieder mit „nach Hause" zu nehmen. Auf diese Weise werden alle bei der Entstehung von Regelwerken einbezogen.

Gut beraten sind Familien, die sich ausgiebig über die Konferenzgeschehnisse und -inhalte in der Kindereinrichtung zu informieren. So erfahren sie vom Leben, den Ritualen und Verhaltensregeln des eigenen Kindes außerhalb der Familie, können unterstützend wirken und vielleicht einige Regeln für zu Hause übernehmen. Der Mensch wächst mit seinen Aufgaben – er kann jedoch nur daran wachsen, wenn er welche hat!

Beispiel: Familienkonferenz

Jede Familie bildet eine Gemeinschaft und muss sich – um funktionieren zu können – wie eine Kindereinrichtung zu allen Fragen des Lebens einigen. Ratsam sind regelmäßige Absprachen oder Familienkonferenzen, um nicht immer dann erst zusammenzukommen, wenn es „brennt". In so angespannter Verfassung fällt es allen Beteiligten schwerer, eine Lösung zu finden, mit der alle gut leben können. Eine Familie, die der Familienkonferenz einen rituellen Platz im Leben einräumt, ist besser auf die eventuell auf sie zukommenden kleinen und großen Katastrophen vorbereitet. Zudem gibt sich diese Familie die Chance, eine interne Gesprächs- und Streitkultur zu entwickeln und allen Mitgliedern auch eine Fehlerkultur zuzugestehen. In einer gefestigten Gesprächsrunde werden sich so bald viele Gesprächsinhalte verankern, auch Tabuthemen wie zum Beispiel der Umgang mit Krankheit und Tod oder einer schlechten Zensur in der Schule.

Vorteilhafte Auswirkungen basieren auf Regelmäßigkeit (fester Termin oder Festlegung des nächsten Termins). Ein Kalender bietet meist genügend Platz für die Eintragung oder Kennzeichnung der Konferenz. Auch hier gilt: Ein Symbol sorgt für die Erkennbarkeit, und wenn das Symbol noch von Kindern eingetragen wurde, wachsen Motivation und Freude daran.

Fazit

Konferenzen unterliegen keinen Altersgrenzen: Dabei sein gilt als wichtigster Garant für künftige Konferenzkompetenzen. Mitsprechen und Mitentscheiden ermöglichen Wohlfühlen! Außerdem: Wer mitreden, mitplanen, mitentscheiden darf und sich so seine gesunde Portion Beachtung holen kann, muss nicht durch negatives Verhalten auffallen!

Auch die Kleinsten wollen dabei sein!

Für Kinder unter drei Jahren gilt: Dabei sein ist die beste Schule! Oder: Früh übt sich, wer ein Meister werden will." Was Kinder frühzeitig miterleben und abspeichern, werden sie schnellstmöglich anwenden können – gönnen Sie sich den „Service" der frühen Selbstständigkeit von Kindern!

Das Gleiche gilt für den Bereich der Heilpädagogik beziehungsweise für die Integration von behinderten oder von Behinderung bedrohten Kindern. Dabei zu sein, seine Zustimmung oder Ablehnung zu zeigen (in welcher Form auch immer), bedeutet, ein Glied der Gruppe zu sein. Heilpädagogen leben und arbeiten nach dem Motto: „Wir gehen davon aus, dass uns die Betroffenen (Behinderte bzw. von Behinderung bedrohte Kinder) verstehen." Sie beobachten die Reaktionen der Betroffenen viel intensiver und auf individuellere Art und Weise und sind überzeugt, dass sich der Mensch, der Mitspracherecht hat, wohlfühlt!

Konfi am 10.03.09

Belehrung über Benutzung u. Umgang mit Stöcken:

Stöcke werden nicht zum Kämpfen benutzt
Verletzungsgefahr sehr groß!
Kleine Stöcke können zum Sandspiel verwendet werden
Man kann mit kleinen Stöcken malen oder Figuren legen usw.
· Stöcke vom Laubhaus werden nicht weggetragen. Wir werfen auch keine Stöcke

Unterschriften:

Joseph M.
Johanna Maut, Vivien, Simmang, Anne-K.
Anike. D, Nadine
Yosina, Tina, S., Emil, Johanna H.
ARI, PAUL, OSCAR
AARON, Lisa B., Elisa S., MANJA, LUIS, TOM, Marz
Tim, Lukas, Kevin, TIM, JOSUA, S, Susanna
Manuel, Lisa-Marie, Judith, Miriam, Mare
Alina, Emma, Kai, MAURICE, NOAH
LAURIN, Marie-Luise
Robert, Tobias, Leonie, LAURA, ISABELL, DOMENI
Luisa, ANASTASIA, Marie, Anh, Franzi
ELAine, PAULA, Claudia, P., Cora, Sa. O.

Vom Umgang mit **Rechtschreibfehlern**

Schriftlich dokumentierte Regeln und Ziele, die im Vorschulalter bildhaft dargestellt werden, halten Schulkinder je nach Entwicklungsstand zunehmend in Schriftform fest. Sie versuchen, ihre Gedanken in Buchstaben auszudrücken und gegebenenfalls anderen mitzuteilen. Dabei liegt der Schwerpunkt auf dem Gedanken, dem Anliegen der Notiz oder der Mitteilung, nicht darauf, schön zu schreiben und dabei die Regeln der Rechtschreibung und Grammatik einzuhalten. Erwachsene neigen dazu, Kinder zu berichtigen oder gar zu maßregeln. Hier Beispiele aus der Praxis:

„Das hast du aber falsch geschrieben, berichtige das!"

„Das sieht aus, als wäre ein Elefant darüber gelaufen – schreibe das noch einmal ordentlich!"

„Durchstreichen geht gar nicht, schreib das noch einmal ab!"

„Was soll das? Das kann doch keiner verstehen! Das kannst du dir sparen."

„Wenn das deine Lehrerin sieht..........!"

Kein Erwachsener würde wohl einen anderen Erwachsenen auf diese Weise zurechtweisen, ihn so tief verletzen. Akzeptieren Sie – so wie auch bei Ihren eigenen Notizen, den Status der Unkorrektheit – das FALSCH als das „richtige Falsch" im wichtigen Gedanken. Überlassen Sie dem Kind die Entscheidung der Richtigstellung. In den überwiegenden Fällen merken Kinder im Nachhinein, dass „etwas nicht stimmt" oder sie werden von anderen Kindern darauf hingewiesen.

Sollten Sie durch die falsche Schreibform etwas nicht decodieren können, weisen Sie darauf hin oder fragen Sie diplomatisch nach: „Du, ich kann das Wort hier nicht lesen – Ach so, das heißt Brotbüchse. Jetzt weiß ich Bescheid. Danke für Deine Hilfe, ich finde echt prima, dass Du Dir diese Regel gemacht hast, ich merke daran, dass ich nun schon ein großes Mädchen habe."

Und ganz ehrlich: Wer hat nicht schon einmal über Kindermund und Kindernotizen geschmunzelt?

Im Hort gilt ein anderer Status bei Kindernotizen als in der Schule. Starke Hortpädagogen stehen zu den Fehlern „ihrer" Kinder und verteidigen sie im Rahmen einer gesunden Fehlerkultur vor dem Lehrpersonal der Grundschule.

nicht in den Contner klettern

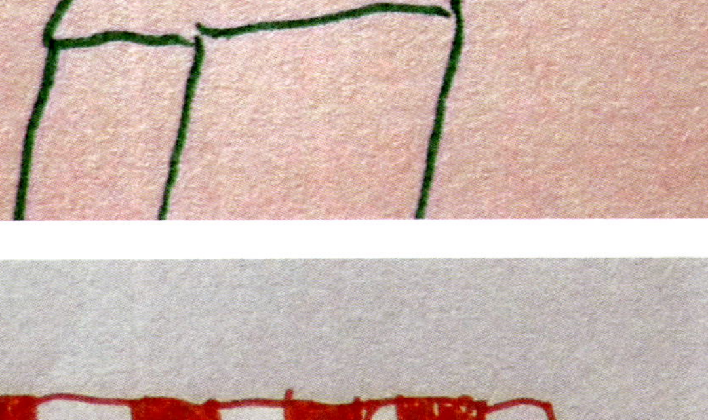

nicht über oder unter der Abschperung durchkletern

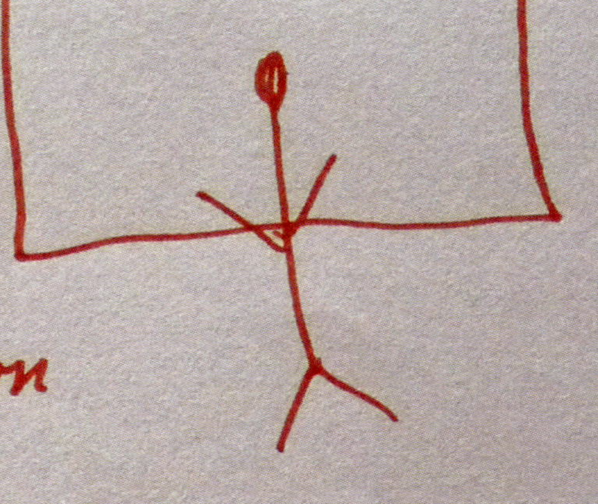

keine Kinder in den ~~Kon~~ Container schupzen

Wenn **Regeln** **gebrochen** werden

Wenn Regeln den Bedürfnissen der Kindergemeinschaft nicht entsprechen, werden sie in den meisten Fällen nur mit Widerstand oder gar nicht eingehalten. Kinder erwarten oder provozieren nicht selten Zurechtweisungen der Erwachsenen, um auf ihre Bedürfnisse aufmerksam zu machen.

Beispiel: Strafe in Kauf nehmen

Den Kindern im Krippenbereich einer offenen Kindereinrichtung standen kleine Tretautos zur Verfügung. Die Erzieherinnen stellten folgende Regel auf: „Es dürfen nur die Kleinen mit diesen Autos fahren."

Die größeren Kinder brachen die Regel jedoch immer öfter, indem sie selbst mit den kleinen Plasteflitzern durch das Haus fuhren. Sie wurden wiederholt von Erzieherinnen ermahnt und erwarteten wie gewöhnlich eine Zurechtweisung, ohne dass sich ein Erwachsener nach dem Motiv des Handelns erkundigte. Erst als eine Erzieherin mit einem der betroffenen Jungen ins Gespräch kam, erfuhr sie den Grund für den Regelbruch:

Die Kleinen fuhren mit ihren Autos in den engen Gängen des Hauses an der Bauecke vorbei und rissen dort mit den rollenden Gefährten regelmäßig die Bauwerke der Kinder ein. Die Bauherren zeigten sich darüber verärgert, wussten sich jedoch nicht mit ihren Mitteln der moralischen Normen gegen die Kleinen zu wehren. So beschlossen sie, die Autos selbst zu fahren, damit ihnen die Kleinen keinen Schaden mehr anrichten könnten. Die Strafen und Sanktionen der Erzieherinnen nahmen sie dafür gern in Kauf.

Die Erzieherin räumte sich nun mit der Kindergruppe genügend Gesprächszeit ein, um über das Problem zu sprechen und alle vereinbarten im Ergebnis der Dialogrunde gemeinsam, die Tretautos aus dem engen Haus mit hinaus in den Garten zu nehmen und sie dort ausschließlich den Kleinen zur Nutzung zu überlassen. Nun wurde die Regel eingehalten.

Fazit

Eine Regel funktioniert nicht? Dann nutzen Sie diese großartige Chance, überdenken Sie die Regel gemeinsam mit den Kindern, diskutieren Sie über den Grund der Unzufriedenheit, zeigen Sie Mut, Nichtfunktionierendes zu verwerfen, neue Vorschläge zu sammeln, dokumentieren, sondieren, auszuprobieren und wiederum zu diskutieren, wieder zu verwerfen, Neues einzubringen, auszuprobieren – bis Sie eine tolle Lösung gefunden haben. Feiern Sie den Erfolg!

Regeln vergessen, veraltet. Und nun?

Kaum eine Regel wird auf Dauer berechtigt bleiben, mit jedem neuen Kind verändern sich die individuellen Bedürfnisse und ein bestehendes vor allem stetig wachsendes Regelwerk bedingt Flexibilität und Veränderungsbereitschaft: Behalten Sie die „alten" Regeln im Auge, lassen Sie zu, dass manche Vereinbarungen mit den Großen buchstäblich „in die Schule gehen" und die neuen Kinder andere Regeln oder die gleichen Regeln neu erstellen. Somit ist gewährleistet, dass auch alle Kinder diese Regeln verstehen und annehmen können.

Jede Regel verfolgt **ein Ziel**

Wenn alle Beteiligten eine Regel für notwendig halten, sich vorstellen können, wie es sich anfühlt, wenn diese eingehalten wird, wenn sie die Notwendigkeit für die eigene Organisation spüren und sich selbst bei der Überwindung von schwierigen Momenten aus ihrer „Komfortzone“ motivieren können, weil sie spüren, dass es sich angenehm anfühlt, dazugelernt zu haben, wird eine Regel das Zusammenleben harmonischer gestalten und sogar manchen Streit verhindern können.

Eine Regel beinhaltet ein Ziel, denn sie wird um ihrer Einhaltung wegen erstellt. Betrachten wir den Ziel-Anteil, so stellen wir fest, dass wir uns die Werkzeuge des Zieleerstellens auch hier zunutze machen können. Die SMART- und die HARD-Formel, genutzt etwa im Projektmanagement zur Formulierung von Zielvereinbahrungen mit Mitarbeitern, können auch beim Formulieren von Regeln für und mit Kindern helfen:

Die SMART-Formel – ein intelligentes Ziel

S für specific (spezifisch): Das Ziel ist für uns alle klar, verständlich und wichtig.
M für measurable (messbar): Das Ziel ist für uns bedeutungsvoll. Wir können anhand von Messung nachvollziehen und formulieren, in welchem Grad der Zielerfüllung wir uns befinden.
A für achievable (akzeptabel): Das Ziel ist für uns erreichbar, angemessen, ausführbar, handlungsorientiert und annehmbar.
R für realistic (realistisch): Das Ziel ist für uns alle relevant, vernünftig, lohnend und anwendbar.
T für time framed (terminiert): Das Ziel ist zeitlich gefasst. Es legt Beginn unf Ende der Maßnahme fest.

Beispiel: Regelung der Kita-Kinder und deren Erzieherinnen in einer Kindertageseinrichtung: **„Ab heute wird das Tor von jedem zugemacht, damit die Krippis nicht die Treppe herunterstürzen.“**

S „...damit die Krippis nicht herunterstürzen“
M Tor zu
A „...von jedem...“
R „...das Tor von jedem zugemacht...“
T „Ab heute....“

Die Smart-Formel eignet sich vor allem für Gruppenziele (Festlegung von Strukturen/Abläufen).

Die HARD-Formel – Emotionalität zählt

H für heartfelt (tief gefühlt): Die Regel wird nicht nur das eigene Leben, sondern auch das der anderen verändern.
A für animated (beseelt): Ich kann mir lebhaft vorstellen, wie es sich anfühlt, wenn ich dieses Regel-Ziel erreicht habe.)
R für required (nötig): Die Regel ist unbedingt notwendig für meine Organisation und meine eigene Sicherheit.)
D für difficult (schwierig): Um die Regel einzuhalten, werde ich neue Fertigkeiten erlernen und meine Komfortzone verlassen müssen.

Beispiel: Der Zielsatz eines fünfjährigen Mädchens lautet: **„Wenn ein anderer die Sachen zum Spielen hat, die ich auch spielen will, und wenn er mich nicht mitspielen lässt, dann gibt er mir die Sachen am nächsten Tag und ich darf sagen, ob ich ihn mitspielen lasse.“**

H ich verzichte heute und du morgen

A ich kann morgen spielen und bestimmen

R so gibt es keinen Zank

D ich trete heute zurück

Die HARD-Formel eignet sich vor allem für individuelle Ziele (starke emotionale Verbundenheit).

Regeln lernen heißt, **das Leben meistern** lernen

Riesige Räume mit einem Schreibtisch in der Mitte – für ein oder zwei Personen, das kennen wir nur aus komfortablen Bürohäusern. In Kindereinrichtungen leben in der Regel sehr viele Menschen in unterschiedlicher Altersgruppierung auf engstem Raum. Pädagogische Fachkräfte sind hier auch als Raumplaner und Organisationsmultitalente gefragt, um in dieses Chaos der Enge Ordnung zu bringen. Ihre Aufgabe ist es, jeden Öffnungstag mit Ruhe, Zufriedenheit und Unfallfreiheit zu füllen und sich dabei noch völlig unsachgemäßen Forderungen mancher Familien zu beugen, „Lernergebnisse" in Form von Bastel- oder Malarbeiten der Kinder in tägliche Transparenz zu bringen. Eltern vermitteln häufig Unzufriedenheit und Druck, sie wollen sehen, was ihre Kinder lernen. Geht denn das?

Der Prozess Lernen passiert im Kopf und ist nach außen hin nicht sichtbar. Erkennen können wir lediglich Lernkompetenzen wie Interesse, Neugier, Engagement, Kommunikation, Geduld, Standhalten, Beteiligung, Eigenverantwortung. Die Herausbildung feinmotorischer Fähigkeiten ist nur ein winziger Teil der kindlichen Entwicklung. Viel mehr Raum nimmt die Bildung von Lern- und Lebenskompetenzen ein.

Diese Lern- und Lebenskompetenzen sind weder durch ein tägliches Bild noch in einem Scherenschnitt erkennbar, sie werden erst sichtbar, wenn wir uns dem Kind durch gezielte Beobachtung und mit Aufmerksamkeit zuwenden. Wenn Eltern sich täglich bemühen, mit ihrem Kind ins Gespräch zu kommen, sich Zeit einräumen, ihm zuhören, es dabei ansehen, auf es eingehen, werden sie erfahren, was ihr Kind heute gelernt hat. Das kostet Geduld und Mühe – für den Blick auf eine Bastelarbeit reichen wenige Sekunden.

In einer Gemeinschaft, in der wir so zusammenrücken müssen, gilt es vor allem, den Regeln und Normen des Zusammenlebens einen großen Raum zu geben. Einerseits bildet das eine gute Möglichkeit, Konfliktfeldern aus dem Weg zu gehen, andererseits wird das überaus wichtige Lebensfundament im Bereich Sozialkompetenz gegossen. Mit einer derart guten Grundlage wird den Kindern unter anderem die Meisterung schwieriger Lebenssituationen ermöglicht.

Ältere bemängeln mitunter, dass junge Leute „keinen Respekt mehr vor dem Alter" hätten: „Sie grüßen nicht, bieten in Bus und Bahn keinen Platz an und sind laut, schrill und bunt. Sie rasen durch die Gegend und halten sich nicht an Verkehrsegeln ..." Ganz abgesehen davon, dass unsere junge Generation keinesfalls schlechter ist als die der Älteren, werden sich in wenigen Jahren unsere Jüngsten, die wir heute liebevoll behüten, im Kreuzfeuer der älteren Generation befinden. Was wird man einmal über sie berichten?

Wenn wir mit diesen vorausschauenden Gedanken das Aufgabenpaket der Erwachsenen im Generationsvertrag schnüren, erhalten wir eine ganz neue Perspektive, die uns zum Handeln ermuntert.

Regeln aus dem Straßenverkehr lassen sich oftmals gut in den Kindergartenbereich übertragen.

Orientierung: Regeln als **Hilfen im Alltag**

Verkehrsregeln sind für die Bewegung im öffentlichen Verkehrsnetz unumgänglich. Stellen Sie sich das Chaos ohne Regeln vor. Wenn wir Europäer auch geneigt sind, uns mit viel zu vielen Regeln zu knebeln – unsere Kinder wachsen in diese Welt hinein und müssen lernen, sie zu bewältigen.

In manchen Kindereinrichtungen gibt es Verkehrsgärten, Patenschaften mit Polizisten, Rettungssanitätern, Bergwacht, Wasserwacht und so weiter. Wer denkt jedoch an die völlig normalen Verhaltensregeln im Haus? Oft ermahnen oder maßregeln Erwachsene Kinder, wenn sie sich nicht an Regeln und Normen halten. Doch welches Kind kennt und versteht welche der zahlreichen Regeln? Und sollte nicht alles, was man lernen muss, auch geübt werden?

Beispiel: Straßenverkehr

In Fluren und Treppenhäusern fließt der Rechtsverkehr – ganz ähnlich wie draußen auf den Straßen auch. Durch Pfeile, Formen oder Buchstaben auf dem Fußboden kann die rechte Seite markiert werden, in deren Richtung sich die Kinder bewegen. Beim Überholen wird an Engstellen zuerst der Gegenverkehr vorbeigelassen. Der Flur ist die „Hauptstraße“, Ausgänge aus Gruppenräumen, Waschräumen und so weiter.

Vor dem Bällebad erinnern Schilder an die aufgestellten Regeln: Schuhe ausziehen!

Beispiel: Stopp-Schild

Stopp-Schilder, wie man sie aus dem Straßenverkehr kennt, lassen sich auch in Kindertagesstätten in den unterschiedlichsten Bereichen wirkungsvoll einsetzen. Ein kleines Stoppschil, zum Beispiel auf die Türschwelle geklebt, erinnert an: Stoppen – Schauen – Gehen. An Schubladen, dem Treppengeländer oder Schränken angebracht, mahnt es, dass sich hier ein Gefahrenbereich befindet.

Beispiel: selbst entwickelte Schilder

Bemerkenswert ist die gestalterische Anlehnung an Verkehrsschilder mitunter bei von den Kindern selbst entwickelten Schildern. Für den Spielbereich auf einer Hochebene entwickelten die Kinder in einer Kindereinrichtung zum Beispiel eigene Verhaltensregeln und brachten diese mit Klebestreifen neben dem Treppenbereich an. Nahrungsmittel, die mit dickem roten Stift durchgestrichen sind, machen für alle gut sichtbar deutlich: „Kein Essen und keine Getränke mit nach oben nehmen!" Fünf Stichmännlein, mit einem grünen Stift eingekreist, wollen deutlich machen: „Nicht mehr als fünf Kinder dürfen hier hoch".

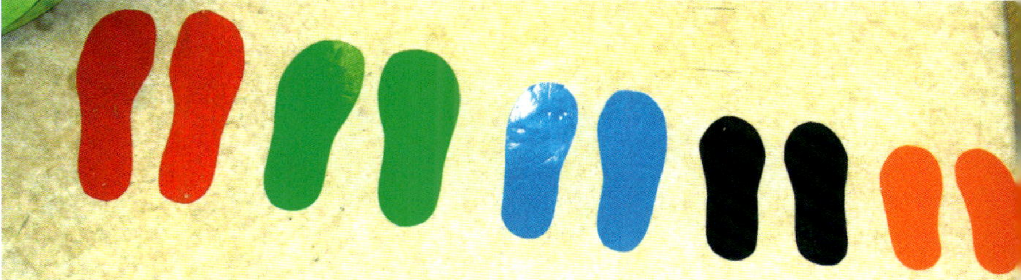

Vor vielen Funktionsräumen gibt es Klebefüße: Das sind Fußpaare, die mit Schuhen besetzt werden. Ist kein Fußpaar mehr frei, bedeutet das: Raum voll!

Über der Sitzecke im Flur hängt ein Parkplatzschild, und sogar für wartende Omas und Opas gibt es eine Sitzmöglichkeit, auf die von den Kindern freundlich hingewiesen wird. Ist kein Platz mehr frei, tragen Kinder auch schnell mal ihren eigenen Stuhl nach draußen, um einen Platz anzubieten.

An der Tür des Technikraumes zeigt ein roter Kreis mit einem waagerechten weißen Balken in der Mitte (Verkehrsschild „Einfahrt verboten“), dass der Eintritt hier nicht erlaubt ist.

„Gehe nicht gleich nach dem Essen ins Wassser! Gehe nicht ins Wasser, wenn du müde bist!“

„Bei Sturm und Gewitter gehen wir nicht ins Wasser!“

Beispiel: Baderegelbuch

An einem heißen Sommertag stellten die Kinder ihre Baderegeln auf und fixierten sie in einem eigens hergestellten „Buch“. Nach gemeinsamer Absprache brachten die Kinder mit Buntstiften ihre Beschlüsse zu Papier. Parallel dazu schrieb die Erzieherin die Formulierungen der Gruppe im PC auf, druckte sie für jedes Kind aus und gab ihm dabei Unterstützung, neben der selbst gestalteten Bilderseite den Text aufzukleben. Auf die Titelseite wurde ein Foto des örtlichen Freibades geklebt und anschließend alles gelocht und zusammengebunden. So entstand für jedes Kind ein eigenes „Baderegelbuch“(Abbildungen oben).

Beispiel: Rote und Gelbe Karten

Das Prinzip der Gelben und Roten Karten, die man sonst aus dem Fußball kennt, lässt sich – natürlich in abgewandelter Form – auch auf das alltägliche Miteinander übertragen. Dazu werden beispielsweise in einer Kindertagesstätte zwei große Pappschilder – laminiert oder in eine Folie gesteckt – in den jeweiligen Farben für alle gut sichtbar an einer Wand oder Tür befestigt. Wenn ein Kind also gegen eine gemeinsame Regel verstößt, wird es auf der Gelben Karte (Ermahnung) eingetragen. Als Steigerung für Unbelehrbare gibt es daneben die Rote Karte. Sie bedeutet den Ausschluss aus der Spielgruppe oder dem Spielbereich. Die Folie sorgt dafür, dass Einträge am Tagesende gelöscht werden können.

Mitunter nutzen die Kinder auch eigene Eintragungsvarianten. Sie malen ihren Ärger auf Papier und bringen ihre Nachricht nach einer Gruppenberatung an der entsprechenden Karte an.

Dranbleiben!

Leider stelle ich oft fest, dass wunderbare Ideen und ihre Umsetzungen während einer Projektzeit entstehen und anschließend wieder im Sande verlaufen. Hier gehen erhebliche Lern- und Erfahrungspotenziale verloren, die dauerhaft genutzt und in konkreten Regelwerken gelebt als fester Bestandteil in einer Kindereinrichtung ihren Platz einnehmen sollten. Nicht einreißen, sondern darauf aufbauen! Dabei darf nicht versäumt werden, neu dazukommende Kinder wieder in diese Besonderheiten einzuweihen und Änderungen gemeinsam zu überdenken. Regeln ändern sich mit dem gesellschaftlichen Umfeld und natürlich mit neuen Menschen.

Im heilpädagogischen Bereich einer „offenen Kindereinrichtung" wird der Tagesablauf gut strukturiert für alle nachvollziehbar angezeigt.

Besonderheit „Offene Kita"

Das Konzept der „offenen Kita" begegnet Familien bei der Suche nach einer geeigneten Einrichtung für ihr Kind immer öfter. Seine Umsetzung findet auf unterschiedliche Weise statt und richtet sich nach den fachlichen Ansprüchen eines Pädagogen-Teams und den Rahmenbedingungen vor Ort. Der pädagogische Ansatz in den Bildungsplänen und die Möglichkeit der Beschwerdeführung des Kindes bei einer Person seiner Wahl (Bundeskinderschutzgesetz), das Angebot, Nähe zu suchen und andererseits ausweichen zu können, sowie die Anforderung, den unterschiedlichen Entwicklungsbedarfen von Kindern gerecht zu werden, bedingt eine kontinuierliche Umsetzung einer offenen Konzeption in der Kindertageseinrichtung.

Das pädagogische Fachpersonal muss, um nicht im Chaos zu landen, Rahmen und Strukturen professionell abstecken und mit der großen Gemeinschaft konsequent am Thema „Regeln und Grenzen" arbeiten. Werden alle Kinder und Erzieher mit einbezogen, beginnt ein Regelwerk zu wachsen, an dem ständig flexibel weitergearbeitet wird. Es ist eine Herausforderung, deren Mühe sich lohnt. Warum?

- Eine Vielzahl an Personen bringt eine Vielzahl an Ideen und Bedarfen ein (Vielfalt).
- gemeinsames Lernen, gemeinsames „Streiten", gemeinsames Strukturieren, gemeinsames Doku - mentieren (Teamprozesse lassen zusammenwachsen)
- Jüngere Kinder übernehmen automatisch die Regeln älterer Kinder (Delegation).
- in allen Bereichen gleiche Regeln (Klarheiten für Kinder, Eltern, Pädagogen)
- Familien mit mehreren Kindern müssen sich nicht in jedem Bereich umorientieren (gesenktes Stresspotential, Zufriedenheit, Wohlfühlen).
- hohe Identifikation mit der Einrichtung (statt der Gruppe)
- zügig wachsende Sozialkompetenzen/Selbstständigkeit (Vorbereitung auf das Leben/Schule)
- Beobachten – Reagieren – Probieren – Verwerfen – neu überdenken...... (Flexibilität kontra Betriebsblindheit)
- neue Kinder – andere Bedarfe – andere Regeln? (Veränderungsprozesse)

In so einem großen Rahmen sind Dokumentationen von Planungen und Ergebnissen (siehe Kapitel „Regeln planen mit Mind Maps" ab Seite 16) und Absprachen in Großgruppen und Kleingruppen (siehe Kapitel „Konferenzen: mitreden, mitentscheiden ab Seite 19) und der anschließende Transfer in die große Gemeinschaft notwendig. Wichtig: Bereits länger bestehende Regeln müssen auf den Prüfstand!

Offene Kita-Konzeption

Ein offenes Kita-Konzept beginnt mit der Öffnung im Kopf, beim Nachdenken über die Arbeit mit Kindern und ihre Wirkung. Es handelt sich um einen Prozess, der sich stets in Veränderung befindet und der durch unterschiedliche Rahmenbedingungen und Anforderungen an sich selbst zahlreiche Gesichter haben kann. Durch veränderte Raumkonzepte, Strukturen und Handlungsabläufe werden erweiterte Erfahrungsräume geschaffen, Möglichkeiten zum Lernen erweitert und Handlungsspielräume ausgedehnt, die zum Beispiel soziale Erfahrungen mit erweiterten Personengruppen ermöglichen. Der Begriff Offene Arbeit bedeutet nicht zwingend immer offene Türen zu haben oder Gruppenstrukturen komplett aufzulösen und er bedeutet nicht, dass alle Kinder ausschließlich tun, was sie wollen. Es ist eine Arbeitsform, die einerseits einen hohen Grad an Selbstbestimmung ermöglicht und andererseits in besonders gut durchdachten Strukturen und Regelwerken stattfindet.

Ein Offenes Kita-Konzept bedarf offene Herzen von Erwachsenen für Kinder, Haltungsänderungen, eine Sicht auf Kinder, die ihnen eine Mitgestaltung des Zusammenlebens ermöglichen.

Fazit

Ob Regelungen in der großen Gemeinschaft oder Regeln im kleineren Kindergruppen-/Interessengruppen-/Projektgruppen-Rahmen: Eine offene Kita-Arbeit benötigt wie jede andere Form der Gemeinschaft gründlich durchdachte Regelungen und Strukturen. Je anspruchsvoller Regelwerke in einer Kita erstellt und gelebt werden, umso besser sind die Kinder auf die Schule und den Weg in ein selbstbestimmtes Leben vorbereitet.

Orientierung: Wer ist zuständig?

Wer ist nicht schon einmal in die unangenehme Situation geraten, in der er oder sie unsicher bei Regelungen oder Sanktionen in der Bestimmung des Zuständigkeitsbereiches war?

Im häuslichen Bereich liegt die Entscheidung klar bei der Familie und in der Kindereinrichtung oder einem Verein (zum Beispiel Sportverein) beim Leiter/Trainer. Schwierig wird es erst, wenn Vertreter beider Bereiche anwesend sind und in unklaren Situationen Entscheidungen treffen müssen und nicht wollen, um dem anderen nicht vorwegzugreifen oder aus Angst, eine falsche Entscheidung zu treffen, dem anderen vorzugreifen, sich bei dem anderen Part zu blamieren, als unfähig dazustehen. Das endet nicht selten mit einem Rückzug beider Parteien, die dadurch (oftmals unbewusst) eine Entscheidung allein dem völlig überforderten Kind überlassen.

Kinder handeln in solchen Situationen häufig völlig überreizt, fordern mit überzogenem (Fehl)verhalten ihre Erwachsenen heraus, endlich eine Lösung zu finden, testen ihre Grenzen bis auf das Äußerste aus. Aus einem „Knistern" entsteht so ein „Feuer", das gelöscht werden muss.

Beispiel: Sporttraining

Eine Kindersportgruppe trifft sich jede Woche einmal zum Training. Die Eltern bringen ihre Kinder zum Sport und holen sie am Ende des Trainings wieder ab. Lediglich eine Mutter bleibt als freiwillige Trainingshelferin beim Training anwesend.

Die Tochter dieser Mutter hatte „einen schlechten Tag", Probleme, Unwohlsein oder andere Gründe ließen sie schlecht gelaunt und bockig werden. Sie verweigerte das Einordnen in die Sportgruppe, grollte und beteiligte sich an keiner Übung mehr. Die Trainerin versuchte das Kind zu motivieren. Als das keinen Erfolg zeigte, ermahnte sie das Mädchen mehrfach und bat sie letztendlich bestimmt darum, sich am Sport zu beteiligen. Die Mutter zog sich scheinbar „unbeteiligt" an den Rand zurück, setzte sich hin und schwieg. Diese Situation gestaltete sich für alle Beteiligten (auch für die Kindergruppe!) unangenehm und demotivierend.

Welche Regelungen können getroffen werden?

Helfende Eltern müssen sehr klare Absprachen mit den Trainern und/oder Übungsleitern im Vorfeld treffen! Regeln Sie Verantwortungsbereiche (in diesem Fall liegt er eindeutig bei der Trainerin) und einigen Sie sich auch über konkrete Entscheidungshandlungen beim Auftreten von Problemen mit dem Kind der helfenden Mutter. Wichtig ist, dass auch das Kind diese Regelung kennt.

So zum Beispiel:

Wenn die Tochter sich wie in diesem Beispiel verweigert, verlässt die Mutter den Raum. Das Kind kann sich somit wie die anderen Kinder orientieren, ist nicht zwischen Trainerin und Mutter hin- und hergerissen, erhofft sich nicht mehr von einem der beiden Erwachsenen eine andere Entscheidung oder eine Bestätigung. Die Trainerin hat somit eine Chance, mit diesem Kind ebenso wie mit allen anderen Sportkindern der Gruppe eine (unbeobachtete) Einigung zu treffen.

Ein Tipp an helfende Eltern:

Wenn Sie als Helferin oder Helfer tätig werden wollen, versuchen Sie nach Möglichkeit eine Lösung zu finden, nicht in der Kindergruppe, in der sich ihr Kind befindet, sondern in einer anderen Gruppe zu helfen. Sie ersparen sich, dem Kind und den Trainern/Übungsleitern den Druck der Sonderrolle.

Beim Abholen in der Kita:

Klären sie durch die eine Abschieds-/Begrüßungssituation den Zuständigkeitsbereich für Ihr Kind. Erwarten Sie keine „Hilfe" von Erziehern in schwierigen Situationen mit Ihrem Kind nach der Übernahme Ihres Kindes, ziehen Sie sich andererseits zurück, wenn Pädagogen mit Ihrem Kind vor der Verabschiedung noch etwas zu klären haben! Kinder benötigen unbedingt eindeutige Zuständigkeitsbereiche für ihre eigene Orientierung!

Verbot und Regel – gibt es einen **Unterschied?**

Die Tür wird nicht zugeschlagen!
Hier wird nicht gebrüllt!
Das Rennen ist hier nicht erlaubt!
Hier keinen Müll hinwerfen!
Den Raum nicht mit Straßenschuhen betreten!

Wer kennt nicht solche Verbots-Schilder? Und manchmal existieren sogar die reinsten Schilder-Wälder. Wer von Ihnen hat ein tief positives Gefühl beim Lesen dieser Verbote? Wer ist motiviert und voller Einsehen, diese Maßregelungen einzuhalten? Und wer versteht diese Verbote vorbehaltlos?

Verbote werden oftmals mit dem Wort Regeln gleich gestellt, weil sie etwas regeln sollen. Nicht nur, dass sie zu keinem veränderten Verhalten motivieren, durch ihre Form stimmen sie mich in manchen Fällen sogar aggressiv, da ich mich durch die negative Erwartungshaltung angegriffen fühle (.....die wirft den Müll bestimmt in den Garten......die betritt in Straßenschuhen das Zimmer....).

Zudem ist unser Gehirn (vor allem das von Kindern!) nicht in der Lage, die Negativformel (nein, nicht, nie...) zeitnah einzuordnen. Das Gehirn konzentriert sich stattdessen als erstes stets auf den Inhalt der Nachricht.

Die Tür wird nicht **zugeschlagen!**
Hier wird nicht **gebrüllt!**
Das Rennen ist hier nicht **erlaubt!**
Hier keinen **Müll hinwerfen!**
Den Raum nicht **mit Straßenschuhen betreten!**

Sicher kennen Sie die Übung mit dem Eisbären oder dem rosa Elefanten. Nein? Dann schließen Sie die Augen und stellen sich keinen Eisbären vor. Und was sehen Sie? Einen Eisbären, stimmt's? Sie können die Übung mit rosa Elefanten, lila Enten oder was Sie auch mögen ausprobieren, Ihr Gehirn wird immer wieder das Wort „NICHT" übergehen. Doch welche Möglichkeiten gibt es, das Gehirn durch positive Botschaften zu überlisten? Probieren wir die Verbotsvarianten in motivierende Regeln umzuformulieren:

Bitte die Tür vorsichtig schließen (defekt).
Pssst! Bitte hier leise sprechen – schlafende Kinder.
Bitte langsam gehen – Unfallgefahr.
Die Müllkübel stehen gegenüber. Danke!
Bitte Hausschuhe anziehen – hier wird auf dem Fußboden gekrabbelt und gespielt.

Wie fühlen Sie sich jetzt angesprochen?

Vorsicht vor dem Schilderwald!

- (Ver)regeln Sie Ihr Haus nicht!

Regeln, die angenommen und fest in den Köpfen installiert sind, benötigen meistens keine Schilder mehr.

- Schaffen Sie Platz für neue Regelungen!

Verlassen Sie sich auf die Kinder, die eine Regel, deren Bedarf sie erkannt haben, an jüngere Kinder auf der Kind-Kind-Ebene weitergeben.

Sprachbarrieren überwinden

Kinder, die unsere Umgangssprache nicht verstehen, deren Muttersprache wir andererseits auch nicht decodieren können, müssen wir mit besonderer Sorgfalt in unser geregeltes Leben integrieren.

Vertrauen Sie den Kindern, sie sind die fachkompetentesten Kommunikations-Künstler auf der Kind-Kind-Ebene! Kinder finden einen Weg des Informationsflusses, sie verständigen sich mit Mimik und Gestik, sie schöpfen aus einer Quelle, die bei uns Erwachsenen längst versiegt ist.

Mit den von den Kindern selbst hergestellten Schildern, an deren Entstehung Migrationskinder beteiligt sind (ausmalen/ausschneiden/kleben), entstehen nicht nur kindgerechte, sondern auch über die Sprachbarriere hinaus verständliche Informationen über einen visuellen Weg.

Kinder finden auch Wege für „Sanktionierungen" bei Nichteinhaltung von Regeln, die uns Erwachsene zum Staunen bringen. Unsere persönliche Einstellung, unser eigener Umgang mit diesen Kindern spiegelt sich im Verhalten der Kindergruppe wider. Im Ernstfall sind die Pädagogen immer als Hüter des moralischen Umganges miteinander und als Beschützer der Kinderseelen da.

Müssen sich diese Kinder ausschließlich in unsere Regelwerke einordnen? Migrationskinder bringen sich schon nach kurzer Zeit selbst mit ihren Gedanken ein, die Sie wie einen wertvollen Schatz in Bestehendes einfügen sollten. Vertrauen Sie auf die großartige Integrationsleistung dieser Kinder!

Fazit

Ob Krippenkinder, Kinder aus dem heilpädagogischen Bereich oder Migrationskinder – Piktogramme, Fotos und Schilder helfen auf visuellem Wege, die Abläufe in der Gemeinschaft zu verstehen.

Welche Toilette soll ich benutzen? Symbole wie diese beiden sprechen eine eindeutige Sprache – ganz ohne Schrift.

Scheitern ermöglicht Erfahren

Erwachsene erkennen oft schon im Vorfeld, dass Regelungen und Maßnahmen der Kinder zum Scheitern verurteilt sind. Ihnen fällt es schwer, sich dann zurückzunehmen, da sie den Kindern die schlechte Erfahrung ersparen möchten. Doch ist das sinnvoll? Im Scheitern einer Regel liegt eine unermessliche Kraft der Erfahrung. Erst, wenn etwas nicht wie vorgestellt funktioniert, wird sich tiefer in die Materie gearbeitet.

Neue Ideen ausprobieren, alte Ideen verwerfen können, bedeutet:

- tiefer hineindenken, forschen, experimentieren
- neue Vorschläge akzeptieren, sich damit abfinden, eigene Ideen, die einmal Anerkennung und Vorrang gefunden haben, zurückzustellen (Aushalten!)

Erneutes Ausprobieren und neues Scheitern sorgen wiederum für:

- sich hineindenken, forschen, experimentieren

Oje, das geht schief!

Wunderbar! Wenn Sie feststellen, dass die Idee der Kinder so nicht funktionieren kann, dann feiern Sie innerlich die Vorfreude auf das kommende Geschehen. Lassen Sie die Kinder probieren (so sie sich und anderen nicht ernsthaft schaden können), beobachten Sie den Prozess des Scheiterns „verwundert" (nicht als Besserwissende) und lassen Sie die Kinder überlegen und neue Wege finden. Üben Sie sich in Geduld, im Staunen und in Wertschätzung: Kinder stecken voller Kreativität, voller Mut zum Ausprobieren und sind ausgestattet mit unbedarfter Ehrlichkeit. Seien Sie den Kindern ein guter Begleiter, wachsen Sie mit ihren Kindern, genießen Sie diese einzigartige Berufung!

Beispiel: Biotop

Auf Wunsch der Kinder entstand ein Biotop im Garten einer Kindereinrichtung. Alle Baupläne entwickelten die Kinder, Erzieherinnen und Eltern gemeinsam und sogar die Sicherheitsvorschriften wurden von den Familien erforscht. Jeder wusste nun nicht nur um die Schönheit, sondern auch um die Gefahren einer solchen Anlage. Nach der Fertigstellung gingen die Kinder gemeinsam mit den pädagogischen Fachkräften daran, Regeln für Aufenthalt und Umgang am Biotop zu erstellen. Schnell fanden die Kinder unabdingliche Regeln für ihr Kleinod, denn sie wussten ja um die Gefahren. Als die Kinder merkten, dass es „zu viel zum Merken" wird, holten sie Stift und Papier und begannen, ihre Notizen „aufzukrakeln". Bald war das Blatt gefüllt, die Planrunde jedoch noch voll im Gange. Nun holten die Kinder ein großes Blatt Papier und begannen von Neuem. Als sie fertig waren, hängten sie ihr Regelwerk an Bindfäden über das Biotop. Die Erwachsenen bissen sich fast die Lippen wund ... nein, sie wiesen nicht darauf hin, dass Regen und Wind das Regelwerk zerstören werden – sie warteten ab. Am Morgen lagen die Überreste des Planes am Boden. Nach einiger Überlegung holten die Kinder eine feste Pappe und begannen erneut. Wiederum fand der Regelplan (vollkommener und ausführlicher, teils geändert) über dem Biotop seinen Platz – bis zum nächsten Regen. Jetzt begann das Ritual von Neuem, und dieses Mal hing der Plan unter einem Dach unweit vom Biotop, wo er bis zum Herbst seinen Zweck erfüllte. Er fand eifrig seine Ergänzung durch zusätzliche Maßnahmepläne. Und was, wenn einer dagegen verstößt? Die Kinder entwickelten eigene sozialverträgliche Sanktionen, und nicht nur, dass sie „Nichtfunktionierendes" in „Funktionierendes" änderten – so mancher spürte auch die Wirkung der selbst verfassten „Strafe".

Fazit

Getrieben vom Faktor Zeit meinen Erwachsene, viel „Wissensvermittlung" in die Kindheit packen zu müssen. Doch erst in der Tiefe des Wissens liegt Menge – es ist der Erfahrungswert, der Wissen anwendbar aufbereitet. Scheitern und Fehlerkultur sind der Fundus für Erkenntnisse, aus denen sich Erfahrungsbausteine bilden.

Sanktionen verhängen, **Erfolge feiern**

Bewertungen von Kindern unterliegen dem obersten Prinzip: „Du sollst kein Kind beschämen". Aus diesem Grund fand diese Smilie-Tafel der Kinder einen Platz im Personalzimmer der Pädagogen, um sie vor fremden Blicken schützen zu können. Die Pädagoginnen des Hauses ermöglichten den Kindern mit der Freigabe einer Wand außerhalb des Sichtbereiches bei offener Tür datenschutzgerechtes Agieren, boten Schutz und professionelle Begleitung zugleich.

Wer sich nicht an gemeinschaftliche Regeln hält, wird auf Widerstände stoßen – egal welcher Altersgruppe er angehört. Dabei sollten Erwachsene allerdings nicht den Fehler begehen, mit Sanktionen zu drohen, die sie nicht umsetzen können, da dies lediglich den kindlichen Widerwillen gegen Regeln verstärkt.

Kinder befinden sich mitten im Lernprozess „Leben" und reagieren auf Strafen meist in stark emotionaler Form. Sie können zwischen ihrem Handeln und den darauffolgenden Sanktionen in vielen Fällen keinen Zusammenhang erkennen, denn das Denken der Erwachsenen liegt auf einer anderen Ebene. Lassen wir die Kinder selbst überlegen, welche Strafe sie bekommen müssten, um sich über ihr falsches Handeln zu ärgern und in Zukunft etwas daran zu ändern, tritt der Effekt des Verstehens ein.

Die Smiley-Methode

In einem Hort wurden während einer Kinderkonferenz „Konsequenzen" zu „Vorfällen" vorgeschlagen und über eine „Abstimmung" und „Auszählung" in anwendbare Form gebracht:

- für gemachte Schäden aufkommen: 0 Stimmen
- Zimmer aufräumen: 2 Stimmen
- Abschreiben aus dem Buch: 31 Stimmen
- Papier im Garten aufsammeln: 6 Stimmen

Benötigt wurden diese „Konsequenzen" für ihre selbst kreierte Smilie-Methode. Dabei vergeben die Kinder sich in einer Konferenzentscheidung an einer Pinnwand lachende (gute) und traurige (schlechte) Smileys. Sie wollen damit auf positive wie auch negative Verhaltensweisen hinweisen. So ermöglichen sie einerseits Anerkennung und Wertschätzung durch die gesamte Gemeinschaft, andererseits werden die veröffentlichten Probleme durch die gemeinsame Lösungsfindung auch zur „gemeinsamen Sache" erklärt. Es findet eine Lastenverteilung statt, und alle Maßnahmen zeigen Wirkung in der gesamten Gemeinschaft.

Für gute Taten werden lachende Smileys verteilt. Bei drei Lachgesichtern erhält das betreffende Kind eine Belohnung. Zu diesem Zweck versammeln sich die besten Freunde des Kindes und beraten, womit sie ihm eine Freude bereiten könnten. Das pädagogische Fachpersonal des Hauses nutzt in solchen Fällen oft die Gelegenheit, um das Kind mit einer Bildungs- und Lerngeschichte zu überraschen.

Wenn ein Kind drei schlechte Smileys bekommen hat, erhält es laut Konferenzbeschluss die Aufgabe, die Hausordnung innerhalb einer Woche abzuschreiben. Falls es das nicht schaffen sollte, weil es trödelt, tritt die Sanktion der Sanktion in Kraft: Es muss dann einen Punkt der Hausordnung auswendig lernen und vor der Konferenzgruppe aufsagen. Anschließend gibt es wieder eine Woche für das Nachholen der schriftlichen Arbeit. Erst dann werden die drei schlechten Smileys „gelöscht". (Anmerkung: Die Erwachsenen äußerten Bedenken gegen diese „harte" Maßnahme, die von den Kindern durch schlagkräftige Argumente gekippt wurden.)

Auch die guten Smileys werden anschließend „gelöscht", um Platz für neue Meinungsäußerungen zu schaffen.

Lernen im Streit: Einsicht in Notwendigkeit

Vor der Einsicht in die Notwendigkeit, Regeln für genau diesen Punkt des Zusammenlebens zu erstellen, steht nicht selten ein Streit. Meistens wirkt ein Kinderstreit eher wie eine nervenzerreißende und schweißtreibende Tortur auf uns. Um dem Gezerre ein Ende zu bereiten, greifen wir ein – mit dem Ergebnis, unsere Lösung den Kindern aufzudrücken, die im seltensten Fall auch die Lösung der Kinder ist. Auf diese Weise sorgen wir dafür, dass kurzfristig Ruhe eintritt. Unter dem Deckmantel der Stille erhitzt sich der Streit weiter – als Schwelbrand, der irgendwann (oft in einer Situation, in der sich die Kinder unbeobachtet fühlen) wieder aufflammt. Dass sich solche Feuer zu Flächenbränden ausweiten können, wissen nicht nur Feuerwehrexperten.

Sich zu streiten gehört zum Leben, eine gute Streitkultur sorgt für ein positives Miteinander. Wer gelernt hat, mit Streit professionell umzugehen, lebt gesünder, denn er geht unnötigem Stress aus dem Weg.

„Wenn der Kopf frei ist, lernt er besser" – diesen Gedanken kennt jeder von uns. Wenn wir daraus schlussfolgern, dass Kinder, die es frühzeitig beherrschen, Konflikte konstruktiv zu klären, den Kopf zum Lernen freibekommen, liegen wir mit Sicherheit richtig. Voraussetzung dafür ist ein guter Nährboden, und an erster Stelle steht der Wohlfühlfaktor.

Das Eisbergmodell

Prof. Margaret Carr von der Waikato Universität in Neuseeland entwickelte Ende der 1990er-Jahre die „Learning stories", deren Ziel es ist, die Bildungs-und Lernwege von Kindern zu verstehen und ihnen durch schrittweise Partizipation beim Verfolgen und Dokumentieren der eigenen Lernschritte ihre Stärken zu verdeutlichen. Den Kern des Ansatzes der „Learning Stories" bilden die fünf Lerndispositionen:

- **interessiert sein**
- **engagiert sein**
- **Standhalten bei Herausforderungen**
- **sich ausdrücken und mitteilen**
- **an einer Lerngemeinschaft mitwirken und Verantwortung übernehmen**

Jede dieser Lerndisposition setzt sich aus drei Elementen zusammen, die Carr mit „Being ready" (ein Kind sieht sich selbst als Lerner und motiviert sich selbst); „Being willing" (das Kind nimmt eine Situation als Lerngelegenheit wahr) und „Being able" (der Aspekt des Wissens und die Fähigkeit, die ein Kind braucht, um seinen Neigungen und Interessen nachzugehen) umschreibt.

Margaret Carr betont die Wichtigkeit der Erwachsenen in der Begleitung eines Kindes, die Schaffung von lernfördernden Rahmenbedingungen und die Wertschätzung der Leistung des Kindes. Sie baute das Neuseeländische Curriculum (Bildungsplan) „Te Whāriki" in fünf Strängen auf:

- **Zugehörigkeit**
- **Wohlbefinden**
- **Exploration**
- **Kommunikation**
- **Partizipation**

In ihrem Eisbergmodell verdeutlichte sie Eisberge als Metapher, dass die Lerndispositionen die Spitze der Eisberge sind und die Stränge des Curriculums das Fundament bilden. Das verdeutlicht, dass ein optimaler nachhaltiger Lernprozess einsetzt, wenn sich das Kind wohlfühlt, wenn es zur Gemeinschaft gehört, ungestört forschen darf, Möglichkeiten zur Kommunikation findet und einbezogen wird.

Betrachten wir das Eisbergmodell beim Erstellen von Regeln und Finden von Grenzen, könnte das Bild so aussehen:

Partizipation: Höre mein Problem, beachte mich, lass mich mitmachen!
Kommunikation: Schau mich an, frage mich, erlaube, dass ich antworte, meine Meinung äußere!
Exploration: Lass mich Lösungswege suchen, sie dir erläutern, unterstütze mich dabei!
Wohlbefinden: Ich werde gesehen, gehört, ernst genommen, darf selbst Lösungen finden.
Zugehörigkeit: Ich darf mich einbringen, mitreden, mitforschen, mitentscheiden, gehöre zu euch.

interessiert sein: Das lässt mich neugierig sein, ich will wissen, wie das funktioniert.
engagiert sein: Ich versuche es, probiere es aus.
standhalten: Nicht gelungen? Ich probiere noch einmal, finde einen anderen Weg.
ausdrücken: Faltenstirn, Zungentanz, Trotz, Wut, Fluchen, Lachen, Jubeln – Erfolg „feiern"
Lerngemeinschaft: Komm her, das zeige ich dir: So sieht meine Lösung aus. Und deine Lösung?

Beispiel: Leon baut gern mit Bausteinen. Seine kleine Schwester Leoni spielt lieber mit ihren Puppen. Sie reißt mit ihren Füßen oder ihrem Puppenwagen widerholt Leons Bauwerke ein. Leon reagiert verärgert. Seine Eltern beobachten das Geschehen und senden an Leon das Signal aus: Wir sind da, unterstützen dich. Du schaffst das!

Leon wirkt im ersten Moment recht hilflos, erwartet wie gewöhnlich eine Lösung von seinen Eltern. Dieses Mal scheint alles anders zu sein: Mit Mimik, Gestik und innerem Vertrauen, einem Lächeln, Kopfnicken und den Worten von Mama: „Leon, am besten, Du machst das selbst mit Deiner Schwester aus, denn es ist eure eigene Sache." Papa bestärkt Leon: „Wenn Du unsere Hilfe brauchst, dann sage es uns – ich bin mir aber sicher, dass Du eine viel bessere Lösung findest, als ich."

Leon staunt: Ich soll allein eine Lösung finden? Ich darf allein eine Lösung finden? Papa traut mir zu, dass ich sogar eine bessere Lösung finde als er? Aber trotzdem passt er auf, dass nichts schiefgeht? Die Gesichtszüge von Leon verändern sich, er wirkt jetzt entspannt und locker, er fühlt sich wohl.

Als Leoni mit ihrer Puppe im Arm quer durch die Baustelle tappst, weil sie Leon ihr Gemaltes zeigen möchte, fällt wie so oft sein Bauwerk ein. Leon holt zunächst tief Luft, dann sucht er den Blick zu seinem Vater, der die Augenlider kurz nach unten klappt und ihm mit seiner Körpersprache die Nachricht aussendet: Du schaffst das!

Leon hält seine Schwester am Arm fest, damit sie nicht wie sonst weglaufen kann: „Halt! Ich will Dir was sagen." Leoni stoppt verwundert, ihr Bruder schreit sonst empört an dieser Stelle – und heute ist er so freundlich bestimmend. Irgendetwas ist anders. Leon zeigt auf seine Bausteine, die nun alle kreuz und quer auf dem Teppich liegen. Er drückt seiner Schwester das Ärgernis darüber aus und bittet sie, nichts mehr einzureißen.

Am nächsten Tag fährt Leoni mit ihrem Puppenwagen durch die Baustelle. Leon holt tief Luft und erklärt ein zweites Mal.

Am folgenden Tag rennt Leoni wieder in Leons Tierpark, weil sie den „Fanten" haben möchte. Alles fällt ein. Leon holt noch tiefer Luft. Er steht auf, holt seinen Kinderstuhl und den Papierkorb, stellt beides vor seinen Bauteppich. Als Leoni wieder in den Raum kommt, muss sie ihr Tempo bremsen: Halt! Hier kann ich nicht durch, ich muss erst den Eingang suchen.

Leon lächelt: „Siehst du, Leoni, jetzt rennst Du nicht mehr so und siehst, wohin Du läufst. Da fallen meine Bausteine bestimmt nicht mehr ein." Er steht auf, nimmt seine kleine tapsige Schwester an die Hand und steigt mit ihr vorsichtig über die Bausteine.

Die BEK-Methode wird durch Symbole für alle Altersklassen verständlich.

Dann umarmt er sie und jubelt: „Alles stehen geblieben!"

Von diesem Tag an geht Leoni langsam zu Leons Baustelle, sie weiß, wie sehr ihm sein Bauwerk am Herzen liegt und sie darf sogar immer öfter mit ihm gemeinsam bauen. Und wenn doch einmal ein Bauwerk einfällt, dann lachen oder ärgern sich beide gemeinsam und bauen es zusammen wieder auf.

Das Elternpaar verfolgte das Geschehen aus sicherer Entfernung, schenkte seinen Kindern das Vertrauen, ihr Problem selbst zu lösen. Sie genießen es jetzt, ihre Kinder beide dafür zu loben und den gemeinsamen Erfolg zu feiern.

Die BEK-Methode

Die BEK-Methode (Beidseitige Empathische Kommunikation) wurde angelehnt an die Methode der Gewaltfreien Kommunikation (GFK) von Dr. Marshall B. Rosenberg. In dieser Methode geht es darum, beide Konfliktparteien zu motivieren, den Konflikt friedlich ausräumen zu wollen. Durch Symbole wird diese Methode für alle Altersklassen gut verständlich und kann – wenn sie nach ausführlichen Übungseinheiten im Kinderbereich ihren Platz findet – stets in Erinnerung gerufen werden.

Gewaltfreie Lösungswege gehören in unser Wunschdenken, wobei wir nicht den Umgang mit der Wut vergessen dürfen. Wer sich in seinen Bedürfnissen untergraben und ungerecht behandelt fühlt, wird unweigerlich wütend. Kinder müssen lernen, mit ihrer Wut umzugehen. Wenn wir die Wut nicht zulassen, wird diese „im Bauch sitzen bleiben" und sich in Form von Aggression anstauen.

Sprechen Sie mit Ihren Kindern über die Wut, lassen Sie sich erklären, wie sich die Wut bei ihnen anfühlt und erzählen Sie über Ihre eigenen Empfindungen.

Fazit

Ein Streitthema muss von den Betreffenden ausgelebt und geklärt werden. Die Aufgabe der Erwachsenen besteht darin, als Methodenhelfer den Kindern Sicherheit zu bieten und ihnen bei der Herausbildung von Kompetenzen für eine positive Streitkultur helfend zur Seite zu stehen. Klären müssen die Kinder den Streit selbst!

Die Wut und ihre vielen Gesichter

Wie alle anderen Gefühle auch, hat auch die Wut viele Gesichter. Allen Gefühlen gemein ist, dass sie über uns – und ganz besonders über Kinder – hereinbrechen, oft mit voller Wucht. Doch wie empfinden Kinder eigentlich ihre eigene Wut und was spüren sie dabei? Die Antworten zeigen, dass dabei oft Aggressionen – auch gegen sich selbst – eine große Rolle spielen.

Jessika: „Das ist, als muss ich brechen."

Marvin: „Das ist wie ein dicker Ball in meinem Bauch und der kann nicht mehr raus."

Steven: „Da kratze ich mir am Arm – das hat auch mal geblutet."

Johannes: „Wenn ich vor Wut brüllen will, geht das erst gar nicht. Ich kriege glaube keine Luft ... und keine Worte."

Melissa: „Manchmal heule ich und dann kann ich nicht mehr damit aufhören."

Maike: „Wenn ich was falsch mache, habe ich Wut auf mich. Ich kann mich doch aber nicht selber hauen oder einsperren?"

Marvin: „Meine Mama hat mir einen Wutball zum Knautschen geschenkt, da drücke ich mit meiner Wut alles krumm."

Über die verbale Kommunikation hinaus gibt es zahlreiche andere Methoden, der eigenen Stimmung das passende Gesicht zu verleihen. Ein Körbchen voller Lachgesichter, Trauriggesichter und Wutgesichter kann zum Beispiel in einer Familie helfen, auch ohne Worte den anderen zu zeigen, wie es mir geht: Ich lege mein Stimmungsgesicht einfach auf den Tisch oder hänge es an die Wand.

Gefühlen einen Platz einräumen

Die Wut-Tür

Das Thema Gefühle begleitete Kinder und Erwachsene intensiv über einen Zeitraum im Hort. Die Kinder stellten fest, dass Wut ein riesengroßes Gefühl ist und sie sich manchmal im wütenden Zustand größer fühlen, als sie in Wirklichkeit sind. So entstanden dann auch wütende Handlungen, wie Schlagen, Kratzen oder einen anderen beleidigen. Und wenn dann die Wut weg war, ärgerte man sich selbst darüber, was man mit Wut gemacht hat. Im Ergebnis der Vertiefung dieses Themas entstand eine übermenschengroße Figur auf Papier, die an der Tür befestigt stets an die übergroße, mächtige Wut erinnern soll. In einer Sprechblase steht der gute Vorsatz: „Ich habe meine Wut im Griff.

Manchmal hilft es aber auch schon, mit etwas Geduld und Mut auszuharren und abzuwarten, wie Kinder ihre Emotionen Altersgleichen mitteilen. Eine Entscheidung auf gleicher Augenhöhe erfolgt geradlinig und ist für Erwachsene in dieser Form mitunter gar nicht möglich!

Beispiel: Wut- und Angststuhl

In einer Kindereinrichtung fand ich im Gruppenbereich gute und wenig platzintensive Rückzugsmöglichkeiten für Gefühle: zwei mit Stoff und Papier verkleidete Stühle, die in der gegenüberliegenden Zimmerecke standen. Die Kinder nannten sie „Wutstuhl" und „Angst- oder Traurigstuhl". Die Regel, dass Kinder, die einen der Stühle benutzen, in Ruhe gelassen werden, formulierten sie selbst.

Beispiel: Brüll-Raum

In einer Kindereinrichtung wurde der etwas abseitsliegende Entspannungsraum nicht mehr genutzt. Völlig verwaist fristeten diese wertvollen Quadratmeter Nutzungsfläche ihr ungebrauchtes Dasein. In einer Kinderkonferenz schlugen die Kinder vor, einen „Brüllraum" daraus zu machen. Die Argumente der Kinder: „Immer leise sein macht keinen Spaß." „Wenn ich schreie, kriege ich immer geschimpft, ich soll leise sein." „Wenn ich mal Wut habe, muss ich die Wut wohin brüllen." „Wenn die Tür zu ist, hört uns keiner brüllen." „Wenn ich zu Hause brülle, schimpfen die Nachbarn – und meine Mama und mein Papa."

Nachdem sich die Erwachsenen vom Überraschungsschock erholt hatten, gingen sie mit den Kindern ans Werk. Der Raum musste kaum verändert werden. Die Kinder bastelten ein Schild mit einem offenen Mund darauf und befestigten es an der Tür. Als Nächstes legten sie Regeln fest:

1. Es geht immer nur ein „Brüller" in den Brüllraum, damit er keinen anderen mit seinem Brüllen stört.

2. Nicht so lange Brüllen! Da wird die Stimme „heiß" und die anderen wollen auch mal brüllen.

3. In der Mittagsschlafzeit wird nicht gebrüllt wegen der Ruhe für das Träumen.

4. Wenn einer sich zankt, kann er auch mal zusammen mit dem Zanker rein.

5. Es wird nur gebrüllt, nicht gehauen und gezwickt.

6. Wenn einer heult, der darf auch rein. Heulen dauert manchmal ein bissel länger als Brüllen.

Die Brüllregeln hingen an der Wand und erfuhren anschließend einige Male Ergänzungen und Änderungen. Schließlich wurde der Raum später noch zum Flüstern und dann sogar zum Kuscheln genutzt. Eigentlich hätte dann der Raum „Gefühleraum" heißen müssen. Das aber wäre eine Interpretation von Erwachsenen – Kinder finden „Brüllraum" schöner und sie lieben es, ihm „Sonderfunktionen" zuzugestehen und mit Ruhe gegen die eigenen Brüllregeln zu verstoßen.

Beispiel: Emotionen mitteilen

Der fünfjährige Richard besuchte seit seinem dritten Lebensjahr die Kindereinrichtung. Trotz dass er aus seinem geordneten Elternhaus, vom pädagogischen Personal und von Therapeuten Unterstützung erhielt, konnte er keinen Weg finden, seine Aggressionen in gewaltfreie Bahnen zu lenken. Richard schlug massiv andere Kinder und litt unter dem Ruf des „Schlägers".

Eines Tages klangen Schreie durch den Garten. Richard verprügelte den gleichaltrigen Tom, weil er den Bagger haben wollte. Tom umklammerte das Spielzeug. Neben Tom hockte die dreijährige Jenny und sah erschrocken zu. Jenny mochte Tom, denn er kümmerte sich rührend um sie. Richard zog sich grollend zurück. Nach einigen Minuten stand die kleine Jenny auf und ging entschlossen auf Richard zu. Sie rollte einen Holzklotz an ihn heran, stieg darauf und kniff mit der rechten Hand in Richards Gesicht. Parallel dazu zog sie mit der linken Hand mit all ihren Kräften an Richards Haaren. Dann stieg sie vom Holzklotz, räumte ihn an den alten Platz zurück und ging kommentarlos zu Tom zurück. Richard stand wie versteinert. War er zu feige, sich zu wehren? War ihm die kleine Jenny zu winzig oder fühlte er sich von den anderen beobachtet?

Keiner erfuhr jemals, was in Richard vorging. Lediglich das Ergebnis genossen alle kommentarlos: Richard war von diesem Tag an kein „Schläger" mehr.

Giraffen-sprache: **Empathie üben**

Frank und Gundi Gaschler betrachten die Gewaltfreie Kommunikation nach Marshall Rosenberg unter dem spezifischen Blick auf Kinder. Sie entwickelten für den Kitabereich die Methode einer emphatischen Kommunikationsform in der „Giraffensprache", die im Verlauf eines Projektes, das sie „Giraffentraum" nennen, auf sehr emotionale Weise installiert werden kann. Unter dem Einsatz einer Mutter-Giraffe und einer Kind-Giraffe (Plüschtiere/Handpuppe oder ähnliches) üben sich die Kinder in Selbstempathie und Empathie, die Konflikten vorbeugen oder ihnen zu einer friedlichen Lösung verhelfen können.

Frank und Gundi Gaschler beschreiben die Methode von Marshall Rosenberg im Fokus auf das Kind folgendermaßen:

Ich beschreibe die „reine" **Beobachtung** ohne Bewertung oder Interpretation: Was habe ich gehört? Was habe ich gesehen?

„Wenn du sagst: Ich mag die Jacke nicht anziehen..."

Ich benenne das **Gefühl**, nicht die Bewertung:

„... bin ich besorgt..."

Ich benenne das **Bedürfnis** – abstrakt und nicht an die Person gebunden:

„...weil ich gerne möchte, dass alle gesund bleiben".

Ich formuliere eine **Verständnisbitte**, weil ich wissen möchte, ob meine Absicht angekommen ist:

„Kannst Du mir bitte mit Deinen Worten sagen, was Du gehört hast?"

Kommunizieren Sie auf diese Weise mit Kindern, besitzen Sie bessere Chancen, dass das Kind Ihr Anliegen und Ihre Absicht auch wirklich verstehen kann. Darüber hinaus erhalten Sie so wichtige Informationen über das Anliegen des Kindes. Auf diese Weise wird sich eine optimalere und konfliktfreiere Verständnisebene entwickeln.

Buchtipp

Gaschler, Frank und Gundi: Ich will verstehen, was du wirklich brauchst, Kösel-Verlag München, 6. Auflage 2012. ISBN: 9-783466-307562.

Gespräch statt Sanktion: Weg zur **Partizipation**

Kindern das Recht zum Dialog mit einer Person ihres Vertrauens einräumen zu können, zeigt sich in Kindereinrichtungen als große Herausforderung. Kinder dürfen weder durch den Zwang, vor der Kindergemeinschaft ihre Meinung zu äußern, beschämt, noch durch Mangel an einem Einzelgespräch mit einer Vertrauensperson zum Schweigen gezwungen werden.

Das Redesofa

Pädagogen-Teams stellen sich vielerorts der Herausforderung, sie öffnen ihre starre Gruppen-Konstrukte und legen Orte fest, an denen Einzelgespräche möglich werden. Hier soll das Redsofa als Beispiel für viele weitere Möglichkeiten stehen.

Ein solches Sofa findet in der Kindereinrichtung einen ruhigen und blickgeschützten Ort. Es wird weder als Spielsofa, noch zum Herumspringen oder für kranke Kinder genutzt, sondern erhält unter strengem Regelwerk die Funktion eines Rückzugsortes für Dialoge. Kinder können sich für ihre Probleme, Sorgen, Nöte und Fragen ihren Erwachsenen auswählen, ihn bitten, sich neben ihn auf das Sofa zu setzen und mit ihm zu kommunizieren. Vor vielen Blicken und Zuhörern geschützt und ungestört vor Lärm, können nun Dinge besprochen werden, die das Kind berühren.

Die Regelungen für das Sofa werden in den meisten Fällen schon nach kurzer Zeit erweitert, in dem auch ein Kind ein anderes Kind zum Gespräch einladen darf. Ist das Gespräch beendet, verlassen die Kinder diesen „heiligen Ort" wieder, um ihn anderen Kindern zur Verfügung zu stellen und nicht zu entweihen.

Unter der Vielfalt an Themen werden auch Fragen zu Regelungen besprochen. Das beginnt bei Vorschlägen für Regeln oder Bitten um Hilfe bei Lösungsfindungen. Es finden aber auch Gespräche unter Kindern oder Erwachsenen und Kindern statt, die Fragen zum Einhalten eines Regelwerkes enthalten, wie zum Beispiel:

- Was würde es Dir erleichtern, dass auch Du Dich an diese Regel halten kannst?
- Warum gelingt es Dir nicht?
- Was ist für Dich so schwer an dieser Regel?"

Andererseits finden auch Kinder den Weg, sich eine Beschwerdeperson zu suchen um ihr mitzuteilen, dass es die Regel nicht einhalten kann, weil...

Mancherorts bitten Kinder bei Bedarf ihre Mutter oder den Vater auf ein Redesofa. Auch in familiären Bereichen bieten sich solche von strengen Regeln geschützten Orte für Dialoge an.

Regeln für das Redesofa

- nur für zwei Personen
- nur für wichtige Gespräche
- Bitte nicht stören!

Weitere mögliche Themen für das Redesofa

- „Hör mir zu!"
- „Ich fühle mich..."
- „Ich habe Angst vor..."
- „Ich weiß nicht weiter!"
- „Ich habe eine Idee!"
- „Hilf mir!"

Fazit

In Schulen finden Kinder durch spezielle Beratungslehrer Gesprächspartner für individuelle Sorgen und Probleme. In Kitas und Horten sind Plätze rar, an denen Dialoge in Ruhe ohne ungewollte Beobachter stattfinden können. Das „Redesofa" bietet eine gute Möglichkeit zum ungestörten Austausch.

§ 45 Sozialgesetzbuch VIII

Erlaubnis für den Betrieb einer Einrichtung

(2) Die Erlaubnis ist zu erteilen, wenn das Wohl der Kinder und Jugendlichen in der Einrichtung gewährleistet ist. Dies ist in der Regel anzunehmen, wenn (...)

3. zur Sicherung der Rechte von Kindern und Jugendlichen in der Einrichtung geeignete Verfahren der Beteiligung sowie die Möglichkeit der Beschwerde in persönlichen Angelegenheiten Anwendung finden.

Artikel 12 Kinderrechtskovention der UN

Übereinkommen über die Rechte des Kindes

(1) Die Vertragsstaaten sichern dem Kind, das fähig ist, sich eine eigene Meinung zu bilden, das Recht zu, diese Meinung in allem das Kind berührenden Angelegenheiten frei zu äußern, und berücksichtigen die Meinung des Kindes angemessen und entsprechend seinem Alter und seiner Reife.

Streit: Methoden der Bewältigung

Rollenspiel-Methode

Rollenspiele sind bei Kindern generell beliebt. Kluge Pädagogen nutzen diese Methode gern für alle nur denkbaren Bereiche. Neben den klassischen Puppenspielen haben sich Spielszenen im Rollentausch bewährt. Die Streitenden wechseln ihre Rollen und „durchleben" so ein Stück die Gefühlswelt des anderen.

Beispiel: Streit in der Bauecke

Matti und Jonas sind seit Tagen aktive Streithähne in der Bauecke. Matti möchte eine Autobahn bauen und „Rennen" fahren. Jonas liebt es hingegen, mit seinem großen Kran kunstvoll und geschickt hohe Bauwerke entstehen zu lassen. Beide sind sich im Weg und fühlen sich vom anderen durch dessen Vorhaben gestört oder gar gefährdet.

Sie gehen zum Kinderstreitschlichter, um sich Hilfe zu holen. Der Streitschlichter fordert die beiden auf, jeweils das Problem des anderen zu schildern und anschließend für ihn eine Lösung zu finden. Bereits während der Schilderung des „Gegner-Problems" in Form eines Rollentausches suchen beide eine Lösung für den anderen:

„Du kannst ja mehr in der Ecke bauen, da reiße ich dir das nicht so ein. Vielleicht baust du mir eine Parkgarage mit Werkstatt, da bist du mit Sieger, wenn ich gewinne".

„Da bin ich dein Rennstall von Ferrari, aber nur, wenn du mich nicht einreißt!"

In den folgenden Tagen entstehen erstaunliche Regelwerke der Jungen, in denen sie sich selbst einen Rahmen zum friedlichen Miteinander schaffen.

Ampelmethode

Anhand einer Verkehrsampel üben sich die Kinder im „Streit-Verkehrs-Verhalten".

ROT bedeutet: Anhalten! (Luftholen! Nachdenken!)
GELB bedeutet: Orientierung! (miteinander reden [Dialog], Problem benennen, Lösungen suchen)
GRÜN bedeutet: Neuer Weg! (Ideen werden umgesetzt.)

Gibt es diese Ampel im Kinderbereich, reicht – nachdem die Kinder mit Hilfe der Erwachsenen Methode und Umgang gelernt und geübt haben – bei einem Streit oft nur noch ein Blick oder Fingerzeig auf die Ampel. Die Kinder verstehen den Hinweis und suchen über diese Methode den Weg zur Einigung.

In Familien und Kindereinrichtungen können Erwachsene auf diese Weise eigenen Belastungssituationen ohne großen Kräfteaufwand aus dem Weg gehen. Wenn die Farben der Ampel und deren Bedeutung spielerisch in die Köpfe der Kinder (und Erwachsenen) gefunden haben, werden sie sozusagen zu „Trampelpfaden" in der Welt der Synapsen – und sie wachsen zu Regeln und Normen. Wer sie immer wieder und zu verschiedenen Themen nutzt, betätigt sich als „Straßenbauer". Solide gebaute Straßen erfreuen sich erfahrungsgemäß einer langen Haltbarkeit.

Streitgedicht

von Ulrike Leubner

Streit ist, wenn Erwachsene oder Kind
nicht der gleichen Meinung sind.

Sie fangen an zu diskutieren,
den guten Willen eizufrieren.

Man hört sie hadern, sieht sie zerren,
statt kluger Worte lautes Plärren!

Und Beiden schwindet der Verstand:
Man zeigt sich Fäuste, nicht die Hand.

Derweil hat man den Grund vergessen,
weshalb man streitet wie besessen.

Ein jeder scheint sich zu verpflichten
das Gegenüber nur noch zu vernichten.

Zu allem sind wir jetzt bereit.
Auch zur Versöhnung nach dem Streit?

Regeln erlernen im Kleinkind-bereich

Keine Zusammenstöße mehr: Ein einfacher Teppich mit Mittelstreifen sorgt hier im Krippenbereich dafür, dass die kleinen Flitzer auch in langen Fluren ohne Unfälle aneinander vorbeifahren.

Auch wenn Kleinkinder noch stark auf ihre Erwachsenen angewiesen sind, können sie Regeln erlernen und umsetzen. Kleinkinder teilen uns vor allem in der Form von nonverbaler Kommunikation mit, wie es ihnen geht und was sie benötigen. Erwachsene begleiten ihre Jüngsten „aus dem Bauch heraus" richtig, indem sie:

Beobachten
Wie geht es dem Kind? Was braucht es zu seiner Weiterentwicklung? Wo befinden sich seine Grenzen? Würde es neue Grenzen benötigen – welche?

Angebot
Rahmenbedingungen (Raum/Material/Zeitveränderung und so weiter) oder eigenes Verhalten verändern

Begleiten
gezieltes Beobachten/Signale setzen (Verbal/nonverbal); eventuell Angebot verändern oder/und Erfolge feiern!

Nachhaltigkeit
Wiederholungen; Ausbau des Hinzugelernten, Dokumentation – Neues im Blick

Beispiel: Teppichstraße

Im Krippenbereich nutzten die Kinder einen langen Flur zum Bobby-Car-Fahren. Mit viel Spaß, aber auch Lärm sausten die Kinder den Flur in beide Richtungen entlang. Zusammenstöße verursachten jedoch so manche Träne und kleine Beule. Die Erzieherinnen beobachteten das Geschehen und begannen abzuwägen:

Sollen wir den Kindern das Autofahren in dem Bereich verbieten? **(Beobachten)**

Nein! Den Kindern bereitet es Spaß, sie üben sich in motorischen Fertigkeiten und benötigen diese Bewegungsmöglichkeit für Schlecht-Wetter-Zeiten.

Können wir etwas ändern? **(Angebot)**
Ja! Ein langer grüner Flurteppich wurde angeschafft und zum Autofahren ausgerollt, die Fahrt verlangsamt und der Lärmpegel gesenkt. Die Kinder sollten im Teppichbereich bleiben, fuhren jedoch oft darüber hinaus.

Können wir etwas optimieren? **(Begleiten)**
Ja! An jedem Teppichende stand nun eine Erzieherin und sorgte dafür, dass die Kinder umdrehten und in die andere Richtung fuhren. Nach einigen Tagen reichte es, dass an jedem Ende symbolisch ein Teddybär saß. Toll! Aber es gab nach wie vor Zusammenstöße.

Geht es noch optimaler? **(Nachhaltigkeit)**
Ja! Die Erzieherinnen klebten auf den Teppich „Straßenstreifen", stellten auf jede Seite ein Auto auf die rechte Fahrtseite zum Start. Sie beobachteten und korrigierten die falschfahrenden Kinder. Bald klappte alles ganz allein und Unfälle gab es auch keine mehr.

Die Kleinsten erlernten auf diese Weise,
- einen vorgeschriebenen Bereich einzuhalten,
- eine vorgeschriebene Richtung einzuhalten,
- sich nicht gegenseitig zu behindern/verletzen,
- Spaß mit weniger Lärm umzusetzen.

Und wenn kein Straßenteppich lag, wurde der Flur als Flur benutzt.

Beispiel: Aufräumspiel

Erzieherinnen im Krippenbereich stellten den Kleinkindern in ihrem Betreuungsbereich gern alternative Spielmaterialien zur Verfügung. Ein ganzer Raum wurde zum Beispiel voller Begeisterung mit Küchenpapier oder aufgewickeltem Toilettenpapier gefüllt. Die Kleinen wickelten ab, rollten, zogen lange Bahnen durch den Raum, knautschten alles zusammen, zerrissen es in kleine Stücke und wickelten sich oder andere damit ein. Am Ende räumten die Erwachsenen alles wieder auf und begannen zu überlegen:

Müssen wir Erwachsenen das wirklich alles wieder aufräumen? **(Beobachten)**
Nein! Die Kinder haben so viel Spaß mit dem Papier, warum soll ihnen das Aufräumen nicht auch Spaß bereiten?

Können wir etwas ändern? **(Angebot)**
Ja! Die Erzieherinnen stellten ein Wäschefass in die Mitte des Raumes und spielen mit den Kindern „Wäschefass füllen". Die Kinder räumten das Papier ein, doch das restliche Spielmaterial blieb liegen.

Können wir etwas optimieren? **(Begleiten)**
Ja! Die Erwachsenen probierten, mit den Kindern Alles-Einräumen zu spielen und stellten mehrere Gefäße in die Mitte! Das klappte, kostete aber viel Begleitungszeit und krumme Rücken. Könnte das noch ein wenig selbständiger durch die Kinder vonstattengehen?

Geht es noch optimaler? **(Nachhaltigkeit)**
Ja! Das Personal schaffte verschiedenfarbige Gefäße für die Spielmaterialien an. Sie stellten sie zum „Aufräumen-Spielen" in die Mitte das Raumes und die Kinder packten die richtigen Sachen in die richtige Box. Die Erzieherinnen beobachteten, halfen beim Sortieren, lobten und feierten täglich die Erfolge der Kinder.

Die Kleinsten lernten auf diese Weise,

- dass Aufräumen zum Spielen gehört,
- dass sich alle am Aufräumen beteiligen,
- ihr Bedürfnis nach Ordnung auszuprägen,
- Farben, Formen zu unterscheiden (Gefäße),
- das Einsortieren unterschiedlicher Materialien.

Beispiel: Kleine in der Morgenkonferenz

Die Kinder und das Personal einer „offenen" Kita trafen sich täglich zu einer Morgenkonferenz. Lediglich im Zeitraum der Eingewöhnung im Krippenbereich musste eine Erzieherin der Konferenz fernbleiben (Betreuung der neuen Kleinen). Das Pädagogen-Team beobachtete, dass die Kinder immer öfter nach der ausbleibenden Erzieherin fragten.

Müssen die Absprachen zwischen Kindern und Erzieherinnen wegen der Kleinen ausfallen? **(Beobachtung)**
Nein! Die Erzieherinnen baten die Kinder, eine Lösung zu finden. Vorschlag: Die Kleinen können mit zur Konferenz kommen!

Können wir etwas ändern? **(Angebot)**
Ja! Das Team setzte den Vorschlag der Kinder um. Doch die Kleinen rutschten umher und „störten".

Können wir etwas optimieren? **(Begleiten)**
Ja! Die Pädagogen fragten ihre Experten für die Kleinen: die Kinder. Sie unterbreiteten den Vorschlag, das so auszuhalten, die Kleinen würden schon merken, dass hier alle still sitzen und es auch tun. Die Pädagogen akzeptierten den Vorschlag, hielten mit den Kindern geduldig aus und alle Kleinen wurden bald aus eigenem Erfahren heraus zum professionellen Konferenzmitglied.

Geht es noch optimaler? **(Nachhaltigkeit)**
Ja! Die Pädagogen planten Zeitstrukturen für die Konferenzen: Im Wechsel entfernte sich täglich eine Erzieherin zuerst mit den Kleinen aus der Konferenz, um den Großen noch einen abschließenden ruhigen Arbeitsprozess zu ermöglichen.

Die Kinder lernten auf diese Weise,

- eigene Grenzen auszutesten und festzulegen,
- eigene Grenzen mit denen anderer Beteiligter abzugleichen (Grenze in den Grenzen finden),
- gegenseitige Rücksichtnahme,
- das Einordnen in eine große Gemeinschaft, ohne sich unterordnen zu müssen.

Zudem sammelten die Kinder eigene Erfahrungen (Wie fühlt sich das an, wenn ich neu bin?) und entwickelten später als die „Großen" über diese Selbstempathie selbstverständlich Empathie für die Neueinsteiger im Krippenbereich.

Einordnen und Unterordnen: der bedeutsame Unterschied

Diese Beispiele verdeutlichen uns den Unterschied zwischen den Prozessen „Einordnen" und „Unterordnen". Wenn wir Ordnung (lateinisch „ordo") als eine Rangstufe der biologischen Systematik betrachten, bedeutet Unterordnen so viel wie „Ich unterwerfe mich alternativlos der Ordnung des bestehenden Systems". Menschen, die sich ohne jede andere Perspektive in Ordnungen einfügen (müssen!), die sie weder richtig nachvollziehen noch verstehen können, gelangen zu einem späteren Zeitpunkt vielmals in die Situation, ausbrechen zu wollen, weil sie dann begonnen haben, ein eigenes Verständnis zu entwickeln. Begriffe wie die der Opposition, des Widerstandes halten Einzug, es beginnt ein Kräftemessen um andere Lösungen im Ordnungs-System.

Der Begriff „Einordnen" fordert das Kind heraus, eigene Gedanken zu der ihm umgebenden Ordnungs-Systematik zu entwickeln, Begründungen zu suchen und zu finden, sie zu verstehen und sich einbringen zu können. Wenn ein Kind mit diesem Hintergrundwissen die eigene Entscheidung zum Einordnen trifft, wird es kaum noch opponieren: Es tritt Zufriedenheit mit seiner Situation ein.

Verstehen -> Einverstanden sein -> Zufriedenheit

Ach, nur das eine Mal!

Familien verfolgen mit Stolz die Entwicklung ihrer Jüngsten und freuen sich über jeden Lernzuwachs. In ihrer Euphorie lassen sie mitunter Dinge zu, die sie dem Nachwuchs später allerdings wieder verbieten (müssen).

Beispiel: Das Kind schaltet das Radio oder den Fernseher ein. Die Familie lacht, klatscht, weil es goldig aussieht und freut sich über das clevere Kind, das seine Erwachsenen nachahmt. Später schaltet das Kind willkürlich die Geräte an und aus, akzeptiert das „Nein" der Familie nicht.

Frage: Wie soll das Kind verstehen, dass es nun nicht mehr darf, was es vorher durfte, ja sogar als Erfolg beklatscht und „gefeiert" wurde?

Fazit

Wer seinem Kind von Anfang an konsequent notwendige Grenzen aufweist, wird allen Beteiligten nachhaltig das Gestalten von Regelungen und Grenzen erleichtern.

Fragen, Verstehen, Handeln

Ein Fragezeichen in der Kindereinrichtung wie auch im familiären Bereich bedeutet: Frage Deine Familie (Erwachsene/Geschwister), ob du dein Wunschobjekt benutzen darfst. Kinder lernen so unkompliziert Tabu-Bereiche zu akzeptieren und sich Begründungen für die Nutzungsregeln einzuholen. Schon im Kleinkindbereich erlernen die Kinder die Bedeutung des Zeichens und respektieren diese Zwischen-Stopp-Zone.

Das Fragezeichen im Verbot

- **„Lass das!"**
- **„Fass das nicht an!"**
- **„Geh nicht dort hin! Bleib hier! Pass auf!"**

… wie oft haben Sie schon versucht, Ihr Kind auf diese Weise vor Gefahren zu bewahren? Da Kinder die Angst und die Erregung ihrer Erwachsenen in Gefahrenmomenten spüren, folgen sie in den meisten Fällen ihren Aufforderungen – sie handeln, wie ihnen geboten. Doch können sie den Sinn dieses Auftrages auch verstehen?

Kinder benötigen die Erklärung der Erwachsenen, deren Hintergründe zu dieser Entscheidung, denn ihnen fehlen die Erfahrungen des bedeutend längeren Lebens- und Erfahrungsweges ihrer Erwachsenen. Verstehen sie ihr Handeln, so können sie in Folge dessen auch später in gleichen oder ähnlichen Situationen selbst reifere Entscheidungen treffen und gegebenenfalls Gefahren- oder Konfliktsituationen ausweichen.

Regeln im Grundschulbereich

In einigen Grundschulen werden bereits ab der ersten Klasse Klassensprecher und Streitschlichter eingesetzt. Das Thema Streit ist in diesen Einrichtungen sehr eng mit Anerkennung und Wertschätzung verknüpft, das heißt, die Kinder teilen sich nicht nur mit, was sie ärgert, sondern auch, was sie erfreut.

„Freundliche 10 Minuten"

In einer der Einrichtungen gestalteten die Streitschlichter im Schulhaus eine große Wandtafel, an der jeder, der das Bedürfnis hat, ein Lob an andere öffentlich bekannt machen darf.

In einer ihrer Kinderkonferenzen wurde der Beschluss gefasst, stets 10 Minuten einer jeden Konferenz der Freude über Stärken und das positive Handeln von Schülern und Lehrern zu widmen. Dort stand dann für alle gute sichtbar: „Wie wär es mit den freundlichen 10 Minuten? Wir schlagen euch vor, das mal zu probieren. In diesen 10 Minuten könnt ihr alles sagen, was euch freut, was ihr gut an euren Mitschülern findet und was euch gefallen hat. Wie kann ich das sagen? Hier ein paar Anregungen: Heute hat mich besonders gefreut, das.... Ich möchte mich bei.... bedanken, dass ..."

Streitschlichter

Die Streitschlichter werden von den Schülern der Klasse selbst gewählt. Anschließend gehen sie in eine Streitschlichterausbildung. Nach erfolgreichem Abschluss und dem Erhalt ihres Zertifikates, können sie ihr Amt antreten. Neben den Hilfeleistungen bei Konflikten ergreifen die Schlichter im Schulalltag vor allem präventive Maßnahmen. Sie einigen sich zum Beispiel mit den Schülern auf ein „Ziel für diese Woche" und veröffentlichen das an der zentralen Wandzeitung der Schule.

Wenn den Schülern die Ideen ausgehen, gibt es auch schon einmal die Ankündigung „Die Schlichter melden sich zu Wort". Durch ihre Ausbildung sind Schlichter besonders gute Beobachter, die hervorragend Brennpunkte herausfiltern können.

Streitschlichter erfahren hohe Wertschätzung, und für ihre gute Arbeit, die nicht nur in Schlichtungsfällen, sondern auch in „Weiterbildungen" und Beratungen außerhalb der Schulzeit stattfindet, erhalten sie als Auszeichnung einmal jährlich einen gemeinsamen Ausflug, Theaterbesuch oder anderes. Für gute Arbeit gibt es guten Lohn in Form von Dank und Anerkennung.

Das Klassentagebuch

In einem Klassentagebuch erhalten die Schüler und Lehrer die Möglichkeit, aufzuschreiben, was sie erfreut oder ärgert. Jeder kann anderen seine Gedanken, Gefühle und Eindrücke über diesen Weg mitteilen oder auch auf die Einträge anderer eingehen und antworten. Das Klassentagebuch besteht aus einem einfachen Zeilenbuch und ist jeder Zeit für alle verfügbar. Es hilft allen bei der Übung im wertschätzenden Umgang miteinander (Worte auf Papier sind durchdachter als schnell verfliegende mündlich geäußerte Worte) und es erspart der Gemeinschaft so manche lautstarke Aus-

Keine Angst vor Überforderung!

Hartmut Wedekind und Michael Schmitz weisen in ihrem Aufsatz "Wenn das Schule macht..." darauf hin, dass die in neuerer Zeit vorgestellten entwicklungspsychologischen Untersuchungen eindrucksvoll verdeutlichen, „dass es keinen Grund mehr dafür geben kann, Kinder mit Beginn des Grundschulalters nicht an Entscheidungen, die sie selbst betreffen, mitwirken zu lassen." Partizipation überfordert also auch die Kinder in der Grundschule nicht. Vorausgesetzt, die Prozesse werden von Lehrern mit Unterstützung der Eltern altersgerecht aufbereitet. „Die Ursachen für Überforderung und das Scheitern von partizipatorischen Prozessen sind eher in der angesteuerten Art und in den situativen Rahmenbedingungen von Partizipation zu suchen, das heißt beispielsweise in der Auswahl ungeeigneter Methoden, in mangelnder Transparenz der Verfahren, in der Auswahl lebensweltferner Inhalte und Themen, in der Überbetonung verbaler Methoden und der Vernachlässigung anderer Ausdrucksformen (z. B. Modellbau oder Malaktionen), in zu komplexen Gruppen-Zusammensetzungen, in zu großen zeitlichen Rahmen", schreiben die beiden Autoren weiter.

Versöhnung auf der Friedensbrücke funktioniert nur, wenn alle die Regeln einhalten.

einandersetzung. Das Klassentagebuch birgt als „Nebeneffekt" zudem große Lernpotentiale. Es bringt den Kindern und Erwachsenen Erfahrungen mit indirekter Kommunikation, Übung in Geduld im Umgang mit anderen. Außerdem lernen Kinder, dass man manchmal etwas nicht sofort aufgreifen kann oder muss. Subjektiv bedeutende Ereignisse oder Konflikte werden auf diese Weise zur späteren Nachvollziehbarkeit und Aufarbeitung festgehalten und es wird Raum für spontane und freie Textproduktion geschaffen.

Wettersymbole

Schüler und Lehrer halten auf Wettersymbolen ihre Eindrücke zu positiven und negativen Vorkommnissen fest. Während auf „Sonnenstrahlen" die Personen angesprochen werden, sind es auf „Wolken" meist nur die Tatsachen. Bei der Veröffentlichung von Schwächeaspekten wird aus moralischen Gründen der Name der Kinder nicht erwähnt. In einer anderen Schule wurde die Variante der „Schade-Wolke" gewählt. Auf ihr stehen ebenfalls ausschließlich Vornamen.

Die Friedensbrücke

Für den Streitfall gibt es unterschiedliche Angebote, wie zum Beispiel die Friedensbrücke. Auf einer symbolischen Friedensbrücke lautet der erste Schritt: Halte folgende drei Regeln ein:

- **Ausreden lassen!**
- **Wiederholen, was der andere gesagt hat!**
- **Höflich sprechen!**

Nun können beide Parteien die nächsten Schritte überlegen und ausprobieren.

Vorsicht persönliche Verletzung!

Aus Gründen des Datenschutzes und unter Beachtung des Persönlichkeitsrechts muss mit persönlichen Daten (zum Beispiel Namen, Fotos) sehr sorgsam umgegangen werden. Namen sollten nur mit Einverständnis des Betreffenden und nur im positiven Sinne veröffentlicht werden. Schnell verwandeln wir aus Unachtsamkeit ein „weißes Schaf" in ein „schwarzes Schaf" und merken erst dann, dass es keinen Umkehrprozess gibt. Zudem tragen Kinder tiefe Verletzungen ein Leben lang mit sich, ohne dass wir uns darüber bewusst sind, dass wir es waren, die sie ihnen zugefügt haben.

Schlichten will gelernt sein: Neutralität und Wertschätzung für beide Seiten zeichnen einen Mediator aus.

Das Streitschlichter-Projekt „Schlaue Eule"

An vielen Schulen sind Streitschlichter das Mittel der Wahl, wenn es darum geht, Konflikte zu schlichten. Doch lässt sich diese Konzept auch in Kindergärten übertragen? Eindeutig ja. Der beste Beweis dafür ist das Projekt „Schlaue Eule", das schon seit einigen Jahren in der sächsischen Großstadt Chemnitz sehr erfolgreich arbeitet.

Wie entstand das Projekt? Zunächst begannen eine engagierte Lehrerin, ein engagierter Lehrer und einige Schüler der Klassen 5 bis 8 im Georgius-Agricola-Gymnasium, sich mit dem Thema Streitschlichtung zu befassen. Sie suchten nach Wegen und Möglichkeiten, einen Streit gewaltlos und nachhaltig zu klären. Nach einem Einblick in vorhandene Möglichkeiten und Methoden ließen sie sich von ihren Lehrern als Mediatoren ausbilden.

Lateinisch bedeutet Median so viel wie in der Mitte liegend und Mediation Vermittlung zwischen zwei oder mehreren Personen. Es gilt also, als neutraler Schlichter zwischen unterschiedlichen Fronten zu sitzen, sie alle ernst zu nehmen, wertzuschätzen und für keinen Partei zu ergreifen. Eine Mediatorin oder ein Mediator hat keinesfalls die Aufgabe, eigene Lösungen zu finden, und erst recht nicht, sie durchzusetzen. Vielmehr wird versucht, den Streit in gewaltfreie Bahnen zu lenken und friedliche Lösungswege zu finden.

Auf einer Bildungsmesse wurden die Streitschlichter vor mehr als zehn Jahren von einer Kitaleiterin gefragt, ob es möglich wäre, Streitschlichtung auch mit Kindern einer Kindertagesstätte durchzuführen und wenn ja, ob die Gymnasiasten mithelfen würden, so etwas aufzubauen. Die Pädagogen und Schüler wurden sich schnell einig.

Im Dezember 2007 machten sich zuerst die Erzieherinnen der Kita mit dem Ablauf einer Streitschlichtung vertraut. Anschließend wurden die Vorschulkinder als Zielgruppe ermittelt. Nachdem auch die Eltern eine Schlichtung vorgeführt bekamen, darüber diskutieren konnten und einverstanden waren, lief das Projekt schließlich an.

Schlichter aus dem Gymnasium unterstützen die Gewaltprävention im Kindergarten, indem sie andere Möglichkeiten der Lösung von Streitigkeiten, Problemen und Konflikten aufzeigen. Sie führen Streitschlichtungen vor, reden mit den Kindern über ihre Probleme, die sich zum Beispiel im Alltag des Kindergartenlebens ergeben: in der Spielecke, beim Essen oder Vorbereiten auf die Mittagsruhe, bei der Auswahl des Spielzeugs im Garten oder gar bei der Bewertung der Kleidung. Dabei geht es darum, dass die Kinder lernen, sich konkret zum Sachverhalt zu äußern und gewaltfreie Lösungsmöglichkeiten zu finden.

anderen zuhören

andere Meinungen akzeptieren

keine Gewalt

keine Schimpfwörter

Demonstration einer Streitschlichtung

Die Arbeitsgemeinschaft Streitschlichter des Gymnasiums führt zweimal im Jahr eine Streitschlichtung in der Kindertagesstätte vor. Die Streitsituationen werden von den Kindern der Vorschulgruppe ausgewählt. Schlichter und auch Darsteller der Streitsituation sind Schüler der Klassen 5 und 6 des Gymnasiums, mit Unterstützung durch die Vorschulkinder. Eltern, Erzieherinnen und die Betreuungslehrer der Schlichter sind Gäste. Das Projekt wird durch die Leiterin der Kita vorgestellt. Die Kinder haben mit Unterstützung der Erzieherinnen Regeln für ihr Zusammenleben erarbeitet, besprochen und gemalt (sie hängen in den Gruppenzimmern): anderen zuhören, andere Meinungen akzeptieren, keine Gewalt, keine Schimpfwörter, nicht anschreien.

In der anschließenden Diskussion über die Arbeit mit den Regeln und das Projekt beteiligen sich die Kinder und Eltern. Es besteht die Möglichkeit, neue Regeln oder Ergänzungen einzubringen.

Was geschieht zwischen den Treffen?

Die Erzieherinnen und Kinder in der Kindertagsstätte arbeiten an Problemlösungen und am Regelwerk: durch Rollenspiele, mit Hilfe von Puppen, mit Beispielbildern und Symbolsprache. Zudem zeichnen die Kinder Bilder zu den Regeln und stellen Gefühle durch Basteln von Figuren mit Naturmaterialien dar.

Die ausgewählten Regeln stehen im Mittelpunkt der Arbeit der Erzieherinnen mit den Kindern. Die Erzieherinnen verwenden große Handpuppen für die

nicht anschreien

neutrale Schlichterperson, die die Kinder Stoppmann nennen. Jedes Jahr im April, wenn die neuen Schülerstreitschlichter des Gymnasiums ausgebildet werden, nehmen die Vorschulkinder an der ersten Ausbildungseinheit teil und verbringen dann gemeinsam den Tag miteinander.

Die Eltern sind mit den Regeln vertraut und erhalten dadurch die Möglichkeit, diese in ihrer Erziehungsarbeit im Familienkreis anzuwenden. Manchmal nehmen Kinder eine der gemalten Regeln mit nach Hause und halten sie ihren erstaunten Eltern bei einem Regelverstoß vor.

In der Schule diskutieren die Streitschlichter bei ihren Treffen über das Regelwerk aus dem Kindergarten. Sie gestalten Werbeveranstaltungen für neue Streitschlichter in den Klassen 5, in denen sie die Projektarbeit im Kindergarten vorstellen. Die geplante Streitschlichtung wird geübt und die Schlichter wählen Schüler aus, die zur Kindertagesstätte gehen dürfen.

Ablauf einer Streitschlichtung

Schüler und Lehrer orientierten sich im Ablauf einer Streitschlichtung am Streitschlichterprogramm von Karin Jefferys-Duden und haben ihn für ihre Zwecke angepasst.

Vorbemerkungen:

- Streitschlichter müssen Brücken bauen zwischen den Kontrahenten.
- Es gibt keinen Gewinner und keinen Verlierer!
- Kontrahenten müssen bereit sein, den Streit zu lösen!
- Schreibmaterial (Stifte, Kärtchen u.s.w.) bereitlegen
- angenehme Atmosphäre schaffen (Raum einräumen)

Phasen der Streitschlichtung:

1. Einleitung
- Schlichter stellen sich vor, wollen helfen, eine gemeinsame Lösung zu finden, und ermitteln dann die Namen der Kontrahenten
- Befragung, ob beide mit der Schlichtung einverstanden sind
- Vertraulichkeit und Neutralität zusichern
- Schlichter will helfen, eine gemeinsame Lösung zu finden
- Regeln vereinbaren (jeder kommt zu Wort, nicht unterbrechen, nicht beschimpfen)

2. Sichtweisen klären
- festlegen, wer mit Schilderung des Vorfalls beginnt (fragen, wer beginnen möchte)
- jeder kann den Vorfall aus eigener Sicht in Ruhe erzählen
- Schlichter notiert (auf großem Blatt, mit großer Schrift) jeweilige Version, fragt nach bei Unklarheiten und fasst zusammen
- wenn notwendig, dann umformulieren und entschärfen
- Ärger und Aggressionen abbauen
- Schlichter vergleicht die Versionen und bespricht mit beiden, wie der tatsächliche Ablauf war
- Motive herausfinden, warum beide so gehandelt haben
- Schlichter fragt nach, wie beide sich fühlen
- sollen sich auch vorstellen, wie sich der andere fühlen könnte

3. Lösung finden
- Kontrahenten schreiben Lösungsvorschläge auf eine Karte (Was bin ich bereit zu tun und was soll der andere tun?)
- Schlichter schreibt auch Lösungen auf, aber nur, wenn beide zustimmen
- für jeden Vorschlag eine neue Karte
- jeder liest seine Vorschläge vor oder der Schlichter liest sie vor; erst danach liest der Schlichter seine eigenen Vorschläge vor
- besprechen, welche Vorschläge angenommen werden und welche nicht; unbrauchbare Vorschläge aussondern (JA-Stapel = angenommen, NEIN-Stapel = abgelehnt)
- Schlichter liest die angenommenen Vorschläge vor
- Kontrahenten erklären sich einverstanden

4. Vereinbarungen aufschreiben (Protokoll)
- Schlichter trägt Vereinbarungen in ein Protokoll ein und liest vor
- nachfragen, ob Änderungen gewünscht sind
- beide unterschreiben die Vereinbarung und jeder erhält eine Kopie davon
- Beendigung des Streites durch Händedruck (wenn möglich, aber nicht erzwingen)
- Dank an die Beteiligten
- Vernichtung aller Aufzeichnungen (nur das Protokoll nicht)
- Aufbewahrung des Protokolls durch den Leiter der Streitschlichtung
- Manchmal wird ein Nachtermin vereinbart, um zu überprüfen, ob alles in Ordnung ist.

Bei den Streitschlichtungen in der Kindertagesstätte werden statt Text und Schrift äquivalente Symbole verwendet.

Bisherige Ergebnisse des Projektes „Schlaue Eule"

Eine Schülerin des Gymnasiums berichtet von ihren erstaunlichen Erkenntnissen:

„Die Ausbildung hat unglaublich viel verändert. Nicht nur oberflächlich, sondern vor allem in mir. Eigentlich ist es unglaublich, was alles passiert ist. Die Wörter reden, verstehen und zuhören haben bei mir eine völlig neue Bedeutung bekommen. Ich habe gelernt, mit der Sprache, den Worten umzugehen wie mit einem Kunstwerk. Früher hätte ich nie gedacht, dass hinter jedem Satz ein sorgfältig zusammengebautes Fundament steckt, auf welchem vorsichtig die Wörter angeordnet werden. Das mag vielleicht etwas konfus klingen und ich gebe zu, das klang es für mich auch, als ich mir zum ersten Mal um solche Themen Gedanken machte, aber für mich ist es nun die Grundlage geworden. Die Grundlage für mein gesamtes Reden und Handeln. Ein besonderes Erlebnis war es für mich, andere Menschen zu beobachten. Auch das ist etwas, was man erst nach und nach erlernt. Ich habe festgestellt, wie schnell wir Menschen eigentlich zu durchschauen sind. Das war für mich etwas total Neues.

Ich fing an zu beobachten. Ich sah die Menschen anders an, ich sah ihre Gefühle. Das hatte zur Folge, dass ich selbstbewusster wurde. Ich hatte einen Vorteil den anderen gegenüber. Die wussten nicht mit der Körpersprache umzugehen, aber ich besaß diese Fähigkeit.

Die Persönlichkeit wächst enorm. Man wird gestärkt durch Wissen, durch Aufgaben und durch die kleinen Erfolge, die sich daraus ergeben. Man lernt nie aus. Bei der Prävention bewahrheitet sich diese Weisheit."

In einem Interview mit einem Radiosender (Hit-Radio RTL „Nachgedacht" 05/2009) äußerten sich Vorschulkinder der Ökologischen Kindertagesstätte „Groß und Klein" selbstbewusst zu ihrer Ausbildung:

„Da bringen die uns bei, dass man mit Wörtern redet und nicht haut."
„Nicht hauen, nicht immer so einander schubsen."
„Dass man nicht den anderen ins Ohr schreien soll."
„Nicht dazwischenreden."
„Nicht zu anderen sagen, solche schlechten Wörter wie Affe, dem anderen erst mal zuhören."
„Da hat mich mal einer gehauen und dann musste ich mal mit dem reden und dann wurde das alles wieder gut – da merkt man, dass es gar nicht so schlimm war."

Bisherige Ergebnisse in der Kindertagesstätte

- In der Vorschulgruppe baut sich das Zusammenleben auf den erarbeiteten Regeln auf, ist deutlich „verfreundlicht" und mit weniger Problemen behaftet.
- Lösungen werden im Gespräch gemeinsam in der Gruppe gefunden.
- Die Kinder „erziehen" ihre Eltern, indem sie zu Hause sehr auf die Einhaltung der Regeln achten.
- Die Kinder der Vorschulgruppe tragen im täglichen Miteinander die Streitschlichter-Idee und die Arbeit mit den Regeln aus ihrer Gruppe an die jüngeren Kinder weiter. Die jüngeren Kinder fordern nun ihre Erzieherinnen auf, auch mit den Regeln zu arbeiten. Die Kinder „inspirieren" die Erzieherinnen in ihrer Arbeit.
- Reges Interesse haben mittlerweile auch andere Kindertagesstätten der Stadt Chemnitz für dieses Projekt entwickelt und melden sich zur Hospitation an.
- Die Eltern sind bedacht darauf, dass das Regelwerk stets aktualisiert wird, und bringen eigene Vorschläge ein.

Bisherige Ergebnisse im Gymnasium

Was passiert mit den Projekt-Schülern am Gymnasium?

- Die Streitschlichter am Gymnasium nehmen die kreativen Lösungsvorschläge der Vorschulkinder als Anregungen in ihre Arbeit auf.
- Schülerstreitschlichter aus den Klassen 9/10 überlegen sich, das Praktikum in der Kindertagesstätte zu absolvieren.
- Die Streitschlichter begeistern Grundschüler für das Gymnasium (Schülerwerbung).
- Sie agieren umsichtiger als ihre Mitschüler, indem sie auf die Befindlichkeiten der Mitschüler eingehen.
- Sie übernehmen für sich und andere mehr Verantwortung.
- Die Schlichter bauen ein Unterstützungssystem für die SMV (Schülermitverantwortung) auf: Geeignete Streitschlichter lassen sich ausbilden in Coaching und Moderation und gestalten so Workshops und andere Veranstaltungen für die SMV.
- Die Arbeit mit Symbolen wie in der Kita wurde zur Gewichtungshilfe bei der Problembearbeitung übernommen (Ampelregelung).

Das sagen die Mitschüler über die Projektteilnehmer:

Sie:
- sind selbstbewusst.
- sind einfühlsam.
- sind hilfsbereit.
- sind einsatzbereit.
- vertreten die Interessen der Klasse.
- schauen über den „Klassenrand".

Ampel – Strategie

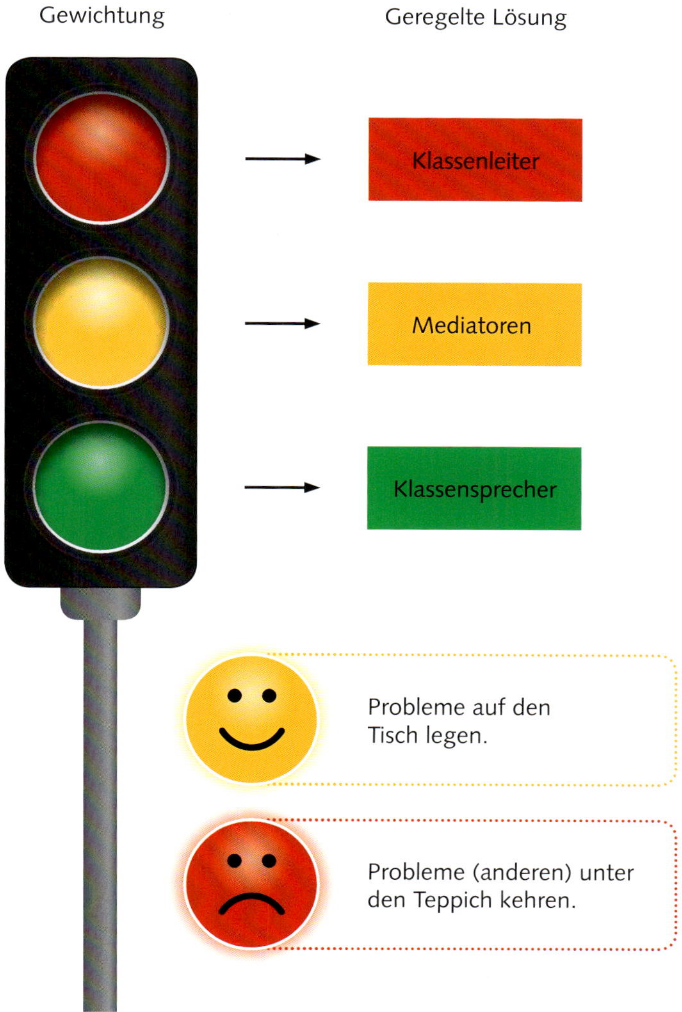

Die Ampel in der Schule: Das „Schlaue-Eule-Team" des Georgius-Agricola-Gymnasiums hat eine Idee zur Bearbeitung von Problemen in den Klassen 5 bis 8 am Gymnasium entwickelt. Die Arbeit mit Symbolen wie in der Kita wurde dabei zur Gewichtungshilfe (die Verkehrsampel als Vorbild) bei der Problembearbeitung am Gymnasium übernommen. Es entstand eine „Ampel-Regelung" mit folgender Gewichtung: Rot = schweres Problem, z. B. Gewalt; Gelb = mittelschweres Problem, z. B. Streit; Grün = kleineres Problem, z. B. Missverständnis. Jede Klasse legt für sich individuell fest, wer welches Problem lösen soll.

Das sagen die Lehrer:

- Moderationsfähigkeiten im Unterricht hilfreich
- demokratiebewusstes Handeln spürbar
- umsichtiges Verhalten

Das sagen die Betreuer:

- Lebenskompetenzen sind allgemein gestiegen – sie nehmen ihre Sachen selbst in die Hand

Erfolge des Projektes

Im Laufe der Jahre hat sich das Projekt „Schlaue Eule" einen sehr guten Ruf in der Stadt erworben, so dass in der Vergangenheit bereits zahlreiche Streitschlichter-Schulungen in Kitas, Grundschulen und Horten realisiert werden konnten. Diese laufen immer nach dem oben dargestellten Schema (pädagogischer Nachmittag für Lehrer, Elternabend, Arbeit in der Klasse zum Aufstellen von Regeln, Auswertung, Training „Kurzform einer Schlichtung zum Selbstgebrauch") ab. Zudem dürfen sich Initiatoren und Schüler über zahlreiche Anerkennungen und Auszeichnungen freuen. Dazu gehören der Friedenspreis der Stadt Chemnitz im Jahr 2009, der Preis „Schule mit Idee" des Sächsischen Kultusministeriums sowie die Einladung zur „Lernstatt Demokratie" des Förderprogramms „Demokratisches Handeln" 2009.

Zum Weiterlesen

Auf der Homepage des Chemnitzer Georgius-Agricola-Gymnasiums ist das Streitschlichter-Projekt und die Zusammenarbeit mit den Kitas unter dem Menüpunkt „Schlaue Eule" sehr ausführlich dokumentiert.
– www.agricola-gymnasium.de

Regeln **in der Familie: Absprachen**

Regeln für meine Spielkonsole, wenn ich eine kriege:

1. Ich spiele nur höchstens an 2 Tagen in der Woche
2. Dazu schreibe ich in den Wochenkalender ein (ehrlich!)
3. Nicht länger, wie 1 Stunde, dann aus
4. Vorher werden Hausaufgaben und alle anderen Aufgaben erledigt
   Arbeit geht vor! Und Familiensachen! Und Schule! Und Sportmannschaft und Training!
5. Reperaturen werden aus der eigenen Sparbüchse bezahlt
6. Ich gehe anderen nicht damit auf die Nerven (Stillezeiten werden eingehalten) und stelle nicht so auf laut

2.12.2009 Martin

Wir sind mit Deinen Regeln einverstanden.
Unser Regelpunkt:
Wenn wir einen Tadel oder etwas anderes Negatives von Dir erfahren, handeln wir eine Spielverbots-Zeit aus.

2.12.2009 Mama und Papa

Das Konfliktpotential in einer Familie kann deutlich eingeschränkt werden, wenn Regelungen einen Rahmen bieten. Oftmals besteht das Problem darin, dass Eltern Regeln erstellen und Kinder sie nicht befolgen, weil sie nicht nachvollziehen können, warum sie so handeln sollen. Auch hier gilt: die Ideen aller Familienmitglieder aufgreifen, daraus die geeignete Regelung finden und sie konkret (möglichst schriftlich!) festhalten.

Die 15-Minuten-Stillezeit-Regel

Gestressten Erwachsenen oder größeren Geschwistern, die, von Arbeits- oder Schulalltag zu Hause eintreffend, sich nichts sehnlicher wünschen als eine Ruhephase, sei geraten: Nehmen Sie sich eine „Auszeit"!

Die Regel „15 Minuten Stillezeit" – untermauert mit einem Kurzzeitwecker, der das Ende der 15 Minuten einläutet – wird schnell zu einem Familienritual, das allen guttut. Auch temperamentvolle Kinder werden bald die Stille genießen und vor allem das Nachher: ausgeglichene Zuhörer, Mitspieler, Ausflugsbegleiter.

Die Stillezeitregelung kann, wenn sie einmal im Familienbereich etabliert ist, auch in weiteren Situationen eingesetzt werden, zum Beispiel, wenn ein Familienmitglied krank ist, für Lernzeiten oder zum Erledigen von Hausaufgaben (für Kinder wie auch Erwachsene!).

Der Regel-Vertrag

Ein Tauziehen um den Umgang mit Neuanschaffungen (Spielkonsole, Handy, Moped und so weiter) können sich Familien ersparen, indem sie im Vorfeld ihr Kind eigene Regelvorschläge erarbeiten lassen und gemeinsam darüber abstimmen. Alles muss schriftlich fixiert und mit Unterschrift versehen werden, um die Bedeutung zu untermauern und die Wirkung zu stärken.

Zweifelnden Eltern sei an dieser Stelle verdeutlicht, dass – wenn solche Regelungen als Bedingung vor dem Erwerb der Neuanschaffung eingefordert werden – jedes Kind sich dieser Aufgabe stellt und sie dementsprechend ernst nimmt. Kinder, die bedingungslos all ihre Wünsche erfüllt bekommen, werden Grenzen und Sanktionen kaum mit Verständnis tragen können.

Selbstgebastelte Hinweisschilder

Kleine, selbst gebastelte Hinweisschilder helfen Kindern beim Orientieren und erinnern auch Eltern an ihr Familienregelwerk. Zudem spürt jeder Besucher sofort: Hier leben Kinder! Fixierte Kinderregelungen bringen uns zudem nicht selten zum Schmunzeln („Honig für die Seele") und sollten als Kostbarkeit nicht nur einen Platz in unseren Herzen finden.

Die kleine Johanna legte für sich und ihre Familie die Kloregeln fest und klebte sie an die Wand im Bad. Ihre Bedeutung:

1. Tür auf
2. Licht an
3. Tür zu
4. Hose runter
5. Auf das Klo setzten und pullern oder kacken und dann spülen
6. Hose hoch
7. Hände waschen
8. Abtrocknen
9. Licht aus
10. Tür zu

Unsere Regel – Eure Regel

Selbtsverständlich ist eine Vielzahl der Regelungen aus den Bereichen der Kindereinrichtungen in Familien übertragbar (im Buch wie in der Praxis). Kindern tut es wohl, manche Regelungen an beiden Stellen anzutreffen, sich auf diese Weise in Regeln heimisch zu fühlen.
Gut sind Eltern beraten, die sich für die Regeln in der Kindereinrichtung ihrer Kinder interessieren. Sie können ihre Kinder dabei unterstützen, die Kita- oder Schulregeln einzuhalten oder mit ihnen darüber zu sprechen. Nicht alle Kinder kommen automatisch mit allen Regeln zurecht – sie benötigen einen vertrauten Ansprechpartner. Wer ist Ihrem Kind vertrauenswürdiger als die eigenen Eltern?

Regeln, Ritualen, Rhythmus

Wenn eine Familie zum Thema „Schlafengehen" genaue Festlegungen trifft, wird daraus ein völlig selbstverständlicher Lebensrhythmus wachsen, und allen bleiben die leidigen Szenen des „Nicht-Schlafen-Wollens" erspart.

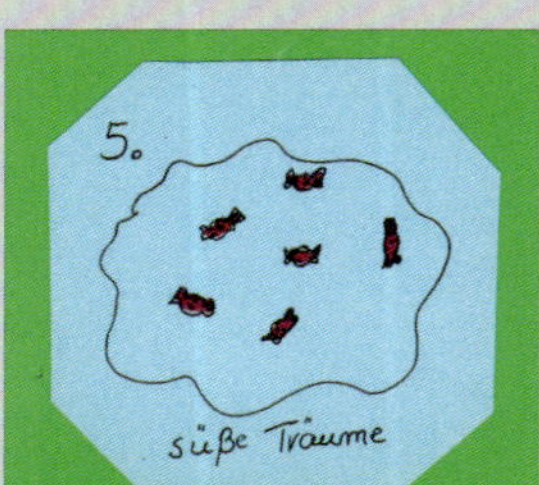

Manchmal ist für uns Erwachsenen nicht gleich auf den ersten Blick erkennbar, was das Kind mit dem gezeichneten Regelbild ausdrücken möchte. Für es selbst ist es allerdings völlig klar. Deswegen ist es wichtig, mit den kleinen Künstlern über ihre Bilder zu sprechen – so erschließen sich auf für uns Erwachsene die zunächst rätselhaften Zeichnungen und ergeben ein wundervolles Regelbild.

Mit diesem selbst gestalteten Bild möchte das Kind darstellen: Nicht so viel Schokolade essen. Das macht zu dick!

Mit diesem Schildchen möchte der kleine Künstler ausdrücken: Wenn der Kinderfilm zu Ende ist, wird der Fernseher ausgeschaltet und bleibt aus!

Bei Oma und Opa **dürfen sie alles!**

Eltern, die sich bemühen mit liebevoller Konsequenz Regeln in ihrer kleinen Familie zu erstellen und zu leben, sind vielmals über Regelbrüche außerhalb ihres inneren Regelkreises verärgert. Dabei spielen vor allem innerhalb der Familie ausgelöste Emotionen eine große Rolle. Großeltern oder Urgroßeltern treffen mitunter andere Entscheidungen als Eltern: Einerseits mangels Informationen zur Regelung zwischen Eltern und Kind, andererseits betrachten sie Erziehung nach ihrem vorhandenen Lebensmuster, schätzen Situationen laut ihren eigenen Erfahrungen anders ein, als die jüngere Generation. Ihre eigenen Kindheitserfahrungen liegen weit zurück, sie fundieren auf wissenschaftlichen Erkenntnissen dieser Zeit, wurden durch völlig andere Lebenssituationen und gesellschaftlich-kulturelle Bedingungen geprägt. Betrachten wir den Erfahrungsschatz anhand einer (Lebens)Uhr, könnte das folgendermaßen aussehen:

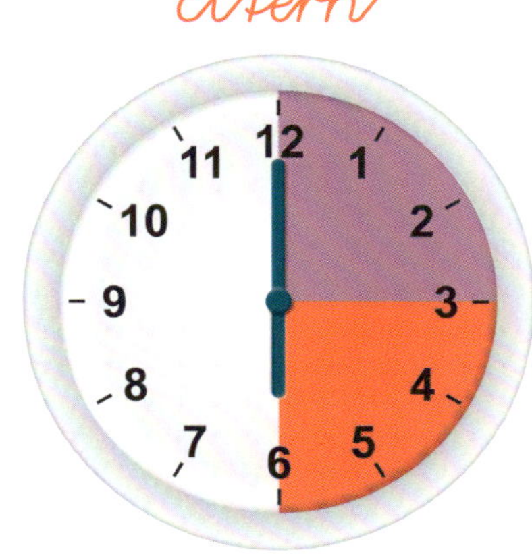

Die (Lebens)Uhr

lila: Lernen, Ausprobieren, Bestätigung, Veränderung

rot: Verantwortung! – die heiße Phase der eigenen Erziehungsverantwortung

grün: Gratwanderung zwischen den Generationen

blau: Klarheiten durch hohe Lebenserfahrungen, vergangenheitslastig – vordergründig Blick zurück (Langzeitgedächtnis)

Empathie als Schlüssel zum Verständnis zwischen den Generationen

Erinnern Sie sich an Ihre eigene Kindheit (Selbstreflexion):

1. Waren es nicht auch die (Ur)Großeltern, die manch mal den Regeln der Eltern widersprachen und „Verbotenes" großzügig erlaubten?
2. Waren Sie als Kind in der Lage, die Regeln der Eltern von denen der (Ur)Großeltern zu trennen?
3. Hat sich Ihr Verhalten im elterlichen Haus durch den Einfluss der (Ur)Großeltern grundsätzlich verändert?
4. Sind Sie durch die unterschiedlichen Aussagen in ernsthafte Verhaltenskonflikte geraten?

Betrachten Sie weitere Bereiche in Ihrem Umfeld, in denen es andere Regeln gibt, als im häuslichen Bereich (Situationsanalyse):

- in Kindereinrichtungen/Institutionen (Kita, Schule, Hort)
- bei anderen Betreuungspersonen (Tagespflege, Kindermädchen…)
- in Sportgruppen; Hobby-Gemeinschaften
- in Familien von Freunden/Spielkameraden
- beim anderen Elternteil (getrenntlebende Eltern)

Sie finden mit Sicherheit noch viele andere Beispiele. Kinder können sehr wohl unterscheiden, in welchem Bereich es welche Regeln gibt, sie lernen schnell zu unterscheiden und richten ihr Handeln dementsprechend aus. Geduld und liebevolle Konsequenz der Eltern bilden eine feste Säule für diesen Lernprozess. Verdeutlichen Sie Ihrem Kind: Dort gab es die Regeln von Oma und Opa und hier die von Mama und Papa und das geht für uns in Ordnung.

Präventives Handeln

Eltern helfen, Diskurse in der Familie zu vermeiden, indem sie mit ihren Eltern/den Großeltern über Regelungen, die sie mit ihrem Kind getroffen haben, sprechen. Die sehr häufige räumliche Trennung ermöglicht Großeltern nur noch wenig Information über das Leben der eigenen Kinder und der Enkel. Sie erleben und erfahren nicht mehr in Mehrgenerationshäusern die Erziehung ihres Nachwuchses und können ihre eigenen Erfahrungen kaum noch einbringen. Hier wird ein uraltes Schutzbedürfnis durch gesellschaftliche Bedingungen unterdrückt: das Band der Familie, das existentielle Fundament eines Menschen. Helfen Sie, dieses Band zu binden, halten Sie Kontakt zu ihren Eltern/den Großeltern, suchen Sie Wege der Kommunikation und der Begegnung! Wer sich in diesem Rahmen über Erziehungsansichten und Regelungen in seiner Familie austauscht, seine Vorstellungen verdeutlicht, wird mit Sicherheit unnötige Missverständnisse und damit verbundene Konflikte minimieren. Das Kind kann mit Leichtigkeit zwischen verschiedenen Familienwelten pendeln, wenn es Orientierung durch starke, mit Liebe und Toleranz geprägte Erwachsene erfährt.

Beispiel: Appetit auf Süßes

Ein Elternpaar einigte sich mit seiner Tochter bei dem Thema „Süßigkeiten naschen" folgendermaßen: Einmal am Tag naschen ist erlaubt, dann müssen die Zähne geputzt werden. Das nächste Naschen von Süßigkeiten muss auf den nächsten Tag warten. Ein großer Appetit auf Süßes kann mit Obst gestillt werden.

Bei Oma und Opa versuchte Tochter Lea die Regel zu untergraben und naschte so reichlich, bis sie sich mit Bauchschmerzen zurückzog. Ihre Zahnbürste benutzte sie nur am Abend, bevor sie zu Bett ging und früh am Morgen. Als die Eltern ihre Tochter am nächsten Tag abholten, erfuhren sie von dem Dilemma und fragten sich, wie sie nun reagieren sollten:

Sollen wir:

- Lea wegen des Regelbruchs schelten?
- Mit den Großeltern wegen ihrer Unvernunft schimpfen?
- Lea nicht mehr allein bei den Großeltern lassen?

Und sie fragten sich:

- War Lea bewusst, dass die Regel auch bei Oma und Opa gilt?
- Woher sollten die Großeltern die Regel kennen?
- Sollen wir wegen eines eigenen Versäumnises trennen, was zusammengehört?

Sie entschieden sich, gemeinsam mit Lea den Großeltern die Süßigkeiten-Regel zu erklären und die Gründe dafür zu erläutern. Dabei erhoben sie weder Lea noch den Großeltern Vorwürfe zu den Vorkommnissen beim Oma- und Opa-Besuch. Der Regelbruch wurde nicht erwähnt. Lea achtete nun selbst auf ihre Regel, bis auf ganz winzige Ausnahmen (Lea nennt das die „Oma-Opa-Besonders-Regel").

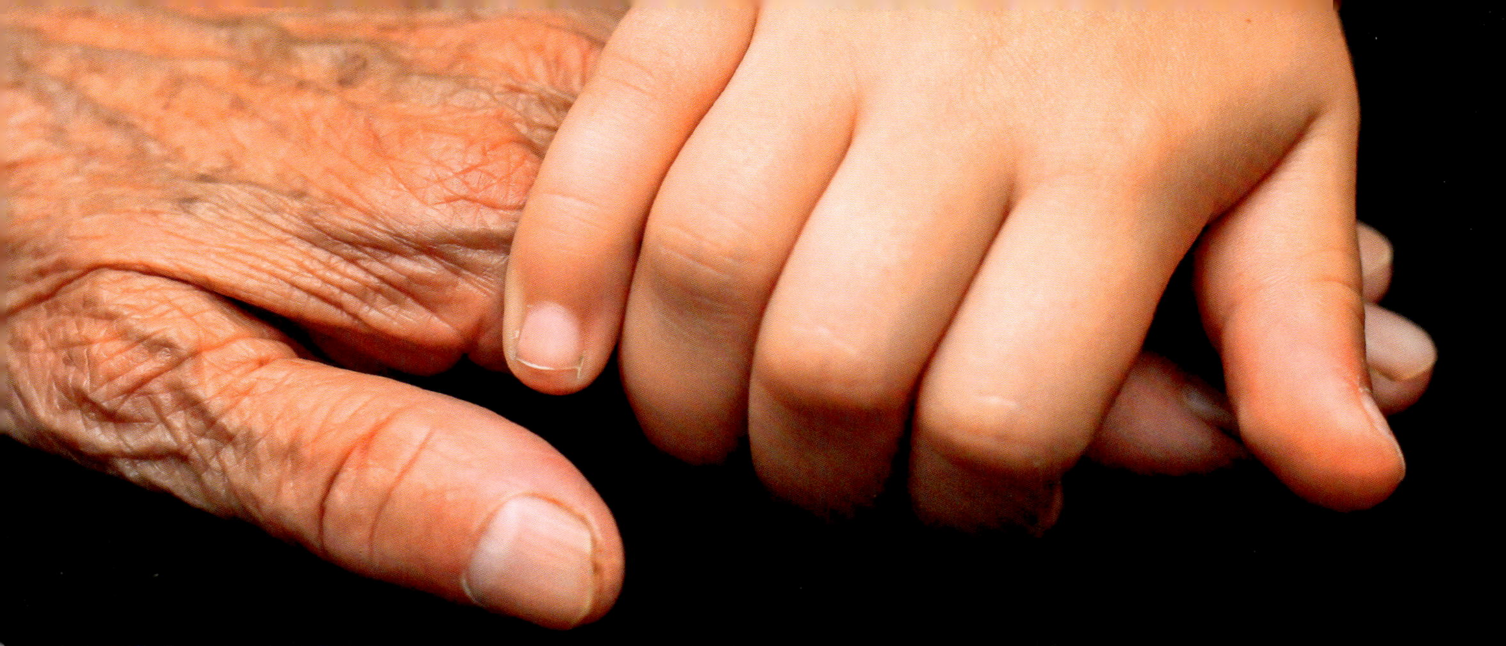

Mit **Regelplan** zur Lastenverteilung

Im Familienalltag bilden sich sehr schnell Gewohnheiten heraus, die oft unbemerkt zur „Betriebsblindheit" führen. Mütter und Väter erhalten ihre „Rollen" und kümmern sich mit Selbstverständlichkeit um all die ihnen zugedachten Bereiche. Völlig ausgebrannt und entkräftet, fehlen dann Zeit, Kraft, Gedanken und Muse für die schönen Momente in Gemeinsamkeit.

Mit einer Lastenverteilung sind nicht nur alle Aufgaben schneller und leichter bewältigt, sondern am Ende fühlen sich auch alle gut. Beispielsweise wenn die Oma auf die Hilfe ihrer Familie angewiesen ist. Es belastet sie seelisch zusätzlich, dass sich die Tochter oder Schwiegertochter (oder Enkelin) bei ihr im Dauereinsatz befindet. Jede Großmutter war auch einmal Mutter und weiß, wie sehr die eigene Familie unter dem Verzicht ihrer „Managerin" leidet.

Findet die Familie eine gute „Lastenverteilung" für sich, kann so eine „Oma-Pflege" sogar allen Beteiligten viel Spaß bereiten, die Familie fester zusammenschweißen und am Ende als beste „Schule für das Leben" charakter- und wertebildend sein. Nicht zuletzt wird es Oma sein, deren Lebensabend mit Glück (und nicht mit Selbstvorwürfen) ausgefüllt ist.

Voraussetzungen sind wieder ein Plan und Regeln. Beides muss schriftlich festgehalten werden, um die Übersicht zu wahren. Jeder erhält sein Aufgabengebiet, das gemeinsam ausgehandelt werden muss.

Beispiel einer Aushandlung

1. Die Familie trägt alle anstehenden Aufgaben in schriftlicher Form zusammen.

2. Die einzelnen Aufgaben werden jeweils auf ein Blatt Papier geschrieben.

3. Die Aufgabensammlung liegt auf dem Tisch (ggf. auf dem Fußboden) und wird geclustert (in verschiedene Rubriken sortiert).

4. Jedes Familienmitglied erhält eigene Symbolgegenstände, zum Beispiel:

Papa: Nägel
Mama: Münzen
Tochter: Würfel
Sohn: Steine

Vor allem Familien mit kleineren Kindern können diesen spielerischen Effekt unterstützend nutzen. Eine weitere Möglichkeit: Jedes Familienmitglied erhält einen andersfarbigen Punkt beziehungsweise eine eigene Farbe.

5. Bei der Aufgabenverteilung nennen alle ihre Wunschaufgabe und legen ihr Symbol darauf (so lange, bis alle Aufgaben verteilt sind).

6. Bei Platzmangel wird der Plan auf einen Bogen Papier geklebt und an die Wand gehängt.

7. Die Aufgabenbereiche werden mit dem Namen des Verantwortlichen versehen und das Symbol daraufgeklebt oder -gemalt.

8. Absprache der Zeitschiene

9. Regelung der Verantwortlichkeit (wenn ein Verantwortlicher wegen unausweichlicher Gründe seinen Pflichten nicht nachkommen kann, muss er sie an einen anderen delegieren)

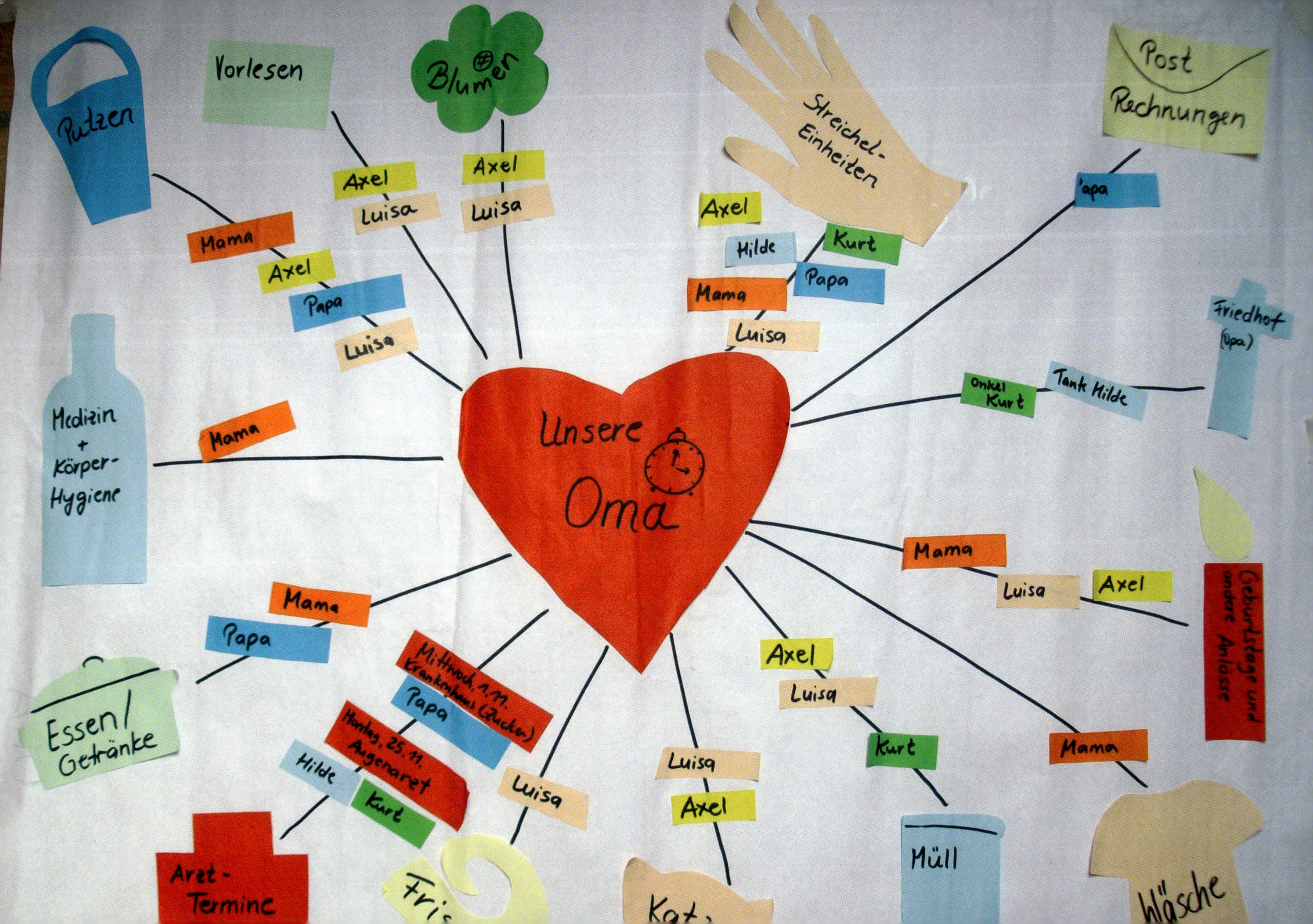
Unsere Oma
Putzen
Mama
Axel
Papa
Luisa
Vorlesen
Axel
Luisa
Blumen
Axel
Luisa
Streichel-Einheiten
Axel
Hilde
Kurt
Mama
Papa
Luisa
Post Rechnungen
'apa
Friedhof (Opa)
Tank Hilde
Onkel Kurt
Medizin + Körper-Hygiene
Mama
Geburtstage und andere Anlässe
Mama
Luisa
Axel
Essen/Getränke
Mama
Papa
Mittwoch, 1.11. Krankenhaus (Zucker)
Papa
Montag, 25.11. Augenarzt
Hilde
Kurt
Arzt-Termine
Luisa
Fris
Luisa
Axel
Kat
Axel
Luisa
Kurt
Müll
Mama
Wäsche

Regeln für feste **Lebensfundamente**

Vergleichen wir die Entwicklung eines Kindes mit dem Erbauen eines Gebäudes, so stellen wir fest, dass jede Familie gern ein festes, stabiles, gesundes und schönes Haus „wachsen" sehen möchte.

Ein Hausbau beginnt immer unten: am Fundament. Bei einem guten Fundament spielt die richtige Mischung eine Schlüsselrolle. Stellen Sie sich vor, die pädagogischen Fachkräfte tragen den Sand zur Mischung bei – woher werden dann der Zement als wichtigstes Bindemittel und das Wasser geliefert? Von der Familie!

Elternmeinungen, dass allein Kindertageseinrichtungen für Bildung und Erziehung zuständig seien, müssen gründlich revidiert werden. Die pädagogischen Fachkräfte in Kindereinrichtungen begleiten Kinder zwar auf professionelle Weise, im Gegensatz zum familiären Bereich jedoch „nur" während eines kurzen Abschnitts ihres Lebens. Sie stehen in der Regel außerhalb der Betreuungszeit nicht mehr als Ansprechpartner zur Verfügung, die Eltern ein Leben lang.

Beispiel: Orientierungslosigkeit

Ronny besucht die zweite Klasse der Grundschule. Am Nachmittag steht er völlig verschmutzt und verstört vor dem Eingangstor seines ehemaligen Kindergartens. Eine Erzieherin lässt ihn herein und verstrickt ihn in ein Gespräch.

Erzieherin: „Woher kommst du so spät – der Hort hat doch schon lange zu?"

Ronny: „Von den Bahnschienen – es war aber kein Zug gekommen."

Erzieherin (erschrocken): „Was wolltest du denn auf den Bahnschienen?"

Ronny: „Ich habe eine Sechs, ich trau mich nicht nach Hause."

Erzieherin: „Das ist doch aber nicht so schlimm, das passiert jedem einmal."

Ronny: „Ich kann das nicht der Mama sagen. Die hat so viel Sorgen: Der Papa ist am Rücken operiert, die Oma hat Krebs und dann noch die viele Arbeit mit unseren Kleinen. Da kann ich der Mama nicht auch noch Ärger machen."

Nach einem für Ronny unbemerkten Telefonat der Erzieherin mit der Mutter des Kindes, begab sie sich mit dem Jungen auf den Heimweg.

Am Abend saßen Mutter und Pädagogin noch lange tief erschüttert in einem vertraulichen Gespräch. Bis zu diesem Tag haben beide Frauen angenommen, dass Ronny ausreichend auf seinen Lebensabschnitt „Lernen in der Schule" vorbereitet sei. Doch die (lebens)wichtigen Regeln im Falle eines Scheiterns wurden im Vorfeld nicht in der Familie abgesprochen. Ronnys Orientierungslosigkeit hätte beinah in eine Katastrophe geführt.

Diese bittere Erfahrung brachte beide Frauen zu der Erkenntnis, dass das Erstellen von Regeln nicht ausschließlich eine Aufgabe des Kindergartens und der Schule ist, sondern vor allem eine Angelegenheit der Familie.

Eltern sind lebenslange Begleiter und Vertrauenspersonen ihres Kindes. Regeln und Normative, die in der Familie benötigt werden, können nur in der Familie selbst erstellt werden.

Fazit

Regeln, die bereits in der Kindheit spielerisch ihren Einzug finden, sind später als beständiges Gut abrufbereit und anwendbar. Kindereinrichtungen können als Partner der Familien diesen Prozess unterstützen und dazu wertvolle Beiträge leisten, allerdings müssen alle Lebens- und Verhaltensregeln ihr Fundament in der Familie als Ort der Beständigkeit und der festen Bindung finden.

Danksagung

Ein Dankeschön geht an die ehemailige Kindertagesstätte „Knirpsenland" in Meißen sowie die Kitas „Zwergenland am Birkenwald" in Freital, „Sonnenschein" in Leppersdorf, die Heilpädagogische Kindertagesstätte „Zwergenland" in Weißwasser, die Ökologische Kindertagesstätte „Groß und Klein" in Chemnitz, die Horte „Spiel und Spaß" in Reichenbach (Oberlausitz), „Regenbogen" in Kamenz, in die Grundschulen „Wilhelm Busch" in Zittau, „Clara Zetkin" in Rochlitz und das Georgius-Agricola-Gymnasium in Chemnitz für die hervorragende Zusammenarbeit, ohne die dieses Buch in dieser Form nicht möglich gewesen wäre. Danke auch an die Kinder Johanna Schüller aus Dresden und Helen Leubner aus Rielasingen, die uns ihre ganz persönlichen Aufzeichnungen zur Verfügung stellten.

Vor allem dem Engagement der Pädagogen und der Kinder des DRK Hortes „Spiel und Spaß" in Reichenbach (Oberlausitz) verdanken wir einen erheblichen Teil der Ergebnisse

Ein besonderer Dank gilt auch den Streitschlichter-Schülern des Georgius-Agricola-Gymnasiums in Chemnitz und ihren Lehrern sowie der Leiterin der Ökologischen Kindertagesstätte „Groß und Klein" in Chemnitz. Sie leisten hervorragende Arbeit mit ihrem preisgekrönten Streitschlichter-Projekt „Schlaue Eule", gewährten uns Einblicke in all ihre Unterlagen, Materialien und Erfahrungen und gestatteten uns freundlicherweise, Auszüge daraus zu veröffentlichen.

Vielen Dank allen Unterstützern!
Die Autorin und die edition claus

Literaturverzeichnis: Quellen, Empfehlungen

Jaszus, Rainer: Sozialpädagogische Lernfelder für Erzieherinnen, 1. Auflage, Holland + Josenhans, Stuttgart 2008, hier vor allem S. 319-327.

Klein, Lothar: Mit Kindern Regeln finden, Herder, Freiburg im Breisgau – Basel – Wien 2000.

Klein, Lothar/**Vogt**, Herbert: Freinet-Pädagogik in Kindertageseinrichtungen: entdeckendes Lernen oder „vom Hunger nach Leben", Herder, Freiburg im Breisgau – Basel – Wien 1998.

Kluge, Friedrich: Etymologisches Wörterbuch der deutschen Sprache. Bearbeitet v. Elmar Seebold, 24. Auflage, Walter der Gruyter, Berlin, New York 2002, S. 751.

Laewen, Hans-Joachim/**Andres**, Beate (Hrsg.); Forscher, Künstler, Konstrukteure: Werkstattbuch zum Bildungsauftrag von Kindertageseinrichtungen, Beltz, Weinheim – Berlin – Basel 2002.

Leu, Hans Rudolf: Bildungs- und Lerngeschichten: Bildungsprozesse in früher Kindheit beobachten, dokumentieren, unterstützen, Dt. Jugendinstitut (Hrsg.), 1. Auflage, Verl. Das Netz, Weimar – Berlin 2007, S. 51.

Scheiber, Wolfgang: Gelassen und fit durch den Führungsalltag: so bauen Sie in wenigen Minuten Stress ab und setzen neue Kräfte frei, Redline Wirtschaft bei Verl. Moderne Industrie, München 2003, S. 89-120.

Schuricht, Diana: Ohne Regeln in die Werkstatt. Kinder bauen eine Tonwerkstatt auf., In: Theorie und Praxis der Sozialpädagogik (TPS), Bundesvereinigung Evangelischer Tageseinrichtungen für Kinder (BETA) und Kallmeyer'sche Verlagsbuchhandlung (Hrsg.), 5/2001.

Textor, Martin R.: Piagets Theorie der kognitiven Entwicklung, In: ders. (Hrsg.): Kindergartenpädagogik – Online-Handbuch –, http://www.kindergartenpaedagogik.de/1226.html, Letzter Zugriff: 20.02.2010.

Wedekind, Hartmut/**Schmitz**, Michael: „Wenn das Schule macht ...", online unter https://tu-dresden.de/gsw/ew/ibbd/sp/ressourcen/dateien/forschung/online-archiv/wedekind.pdf?lang=de, abg. 8. Juni 2017

Wustmann, C.: Was Kinder stärkt – Ergebnisse der Resilienzforschung und ihre Bedeutung für die pädagogische Praxis, In: W. Fthenakis (Hrsg.): Elementarpädagogik nach PISA, Herder, Freiburg 2003, S. 106-135.

Zum Weiterlesen

„Planen mit Kindern", Ulrike Leubner

Planen mit Kindern – das mache ich doch, meinen viele Eltern und Pädagogen. Beim zweiten Blick stellen sie fest, dass sie nicht mit, sondern für die Kinder planen. Dabei ist es für jeden wichtig, sein Leben selbst strukturieren zu können und dabei auch mehrere Möglichkeiten in Betracht zu ziehen. In der Kindheit werden die Weichen für das spätere Leben gestellt. In der Jugend sollten Kinder eine selbstständige Planarbeit in der Vielfalt der schulischen Ansprüche und des Arbeitsmarktes beherrschen.

– claus-verlag.de/ulrike-leubner/
– www.ulrike-leubner.de/

Herausgeber: edition claus, Christian Wobst, Zum Lindenhof 9, Tel. 03722 4088687, 09212 Limbach-Oberfrohna, www.claus-verlag.de

Bildnachweise: Ulrike Leubner sowie Katrin Schreiber (S. 3), Sergey Novikov/fotolia (S. 5/15/16), Kitty/fotolia (S. 6), Daniela Stärk/fotolia (S. 8), VRD/fotolia (S. 10), strichfiguren.de/fotolia (S. 11), Sunny studio/fotolia (S. 12), Johan Larson/fotolia (S. 25), photophonie/fotolia (S. 27), Ramona Heim/fotolia (S. 28), thostr/fotolia (S. 34), JenkoAtaman/fotolia (S. 36), Romolo Tavani/fotolia (S. 39), Jan H. Andersen/fotolia (S. 41), Frank und Gundi Gaschler (S. 43), iko/fotolia (S. 44) , andras_csontos/fotolia (S. 49), zdravinjo/fotolia (S. 50), highwaystarz/fotolia (S. 53), MBAYSAN/fotolia (S. 63); Grafiken (S. 57/61): polar 1– Agentur für Kommunikation und Design GmbH